de Gruyter Studienbuch

MW01002864

S

Karol Sauerland

Einführung in die Ästhetik Adornos

Walter de Gruyter · Berlin · New York
1979

CIP-Kurztitelaufnahme der Deutschen Bibliothek

Sauerland, Karol:
Einführung in die Ästhetik Adornos / Karol
Sauerland. — Berlin, New York : de Gruyter,
1979.

(De-Gruyter-Studienbuch)
ISBN 3-11-007167-3

Satz: Münchener Fotoprint GmbH., München
Druck: Saladruck, Berlin
Bindearbeiten: Wübben & Co., Berlin

Inhaltsverzeichnis

I.	Wahrheitsgehalt	1
II.	Der Erkenntnischarakter der Kunst	9
III.	Kunst und Praxis	14
IV.	Was Kunst sei	20
V.	Das Kunstwerk als autonomes Gebilde	27
VI.	Innere Durchformung und Detail	33
VII.	Ästhetische Erfahrung	37
VIII.	Momentane Befreiung vom Identitätszwang	43
IX.	Dekonzentration und Entzauberung	45
X.	Der Begriff der „apparition"	54
XI.	Nichtseiendes und Utopie	58
XII.	Das Verstummen	64
XIII.	Sprachloser Ausdruck	77
XIV.	Finsternis und Tod	79
XV.	Das Naturschöne und die Kunst	81
XVI.	Der Begriff der Moderne	92
XVII.	Das Absurde	109
XVIII.	Künstlerische Produktivkräfte und Produktionsverhältnisse	118
XIX.	Gebrauchs- und Tauschwert	121
XX.	Technik und Material	125
XXI.	Kunst und Realität	135
XXII.	Rettung der klassischen Ästhetik?	152
	Bibliographie	155
	Namenregister	169

I. Wahrheitsgehalt

Für Adorno besteht ein enger Zusammenhang zwischen Kunst und Gesellschaft. Einerseits gehen alle Probleme der Zeit in die Kunst ein, andererseits sind es die Kunstwerke, die noch Kritik am schlechten Zustand der Gesellschaft üben können, ohne sich auf ihn selber einlassen zu müssen. An den Malen der Kunstwerke erkennen wir die Wunden der Zeit und damit auch ihren Wahrheitsgehalt. Dieser läßt sich jedoch nicht unter einen Begriff bringen, sondern muß durch Interpretation und Kritik jeweils aus den Werken herausdestilliert werden. Hier denkt Adorno vor allem an philosophische, nicht an philologische Interpretation und Kritik. In der *Ästhetischen Theorie* heißt es, daß der Wahrheitsgehalt „allein durch philosophische Reflexion zu gewinnen" sei. Und gerade „das, nichts anderes" rechtfertige Ästhetik (7, 193)[1]. „Philosophische Reflexion" haben wir jedoch in einem sehr weiten Sinne zu verstehen, denn der Wahrheitsgehalt eines Kunstwerks oder bestimmter künstlerischer Erscheinungen ist erst umreißbar, wenn wir uns über die Rolle des Kunstwerks innerhalb der Gesellschaft, die formal-künstlerischen Lösungen, die Entwicklung der künstlerischen Techniken, die Korrespondenz zwischen Werk und Wirklichkeit und anderes mehr Klarheit verschaffen, wenn wir mit anderen Worten sowohl ästhetisch-philosophische wie auch kunstgeschichtliche und gesellschaftskritische Überlegungen in die Deutung des Kunstwerks oder künstlerischen Phänomens einbeziehen.

---

[1] Theodor W. Adorno, *Gesammelte Schriften 7. Ästhetische Theorie*, Frankfurt am Main 1972, S. 193. Künftig zitiere ich die *Gesammelten Schriften* mit Angabe des Bandes und der Seite in Klammern.

Weder Kunstsoziologie noch Rezeptionsästhetik, deren
neuere Entwicklung Adorno zwar nicht mehr wahrnehmen
konnte, sind imstande, eine ästhetisch-philosophische Reflexion zu ersetzen, denn auf empirischem Weg lassen sich
keine kritischen Denkkategorien gewinnen. Im Falle der
Kunstsoziologie (z. T. auch der Rezeptionsästhetik) kommt
noch hinzu, daß „Kunstwerke obersten Ranges"[2] sich
häufig dem Blickfeld entziehen. Oft sind diese Werke ja
erst nach einem halben Jahrhundert zur Wirkung gelangt.
Ihr Wahrheitsgehalt wäre gerade in der Wirkungslosigkeit
zu suchen. Adorno verweist in seinen *Thesen zur Kunstsoziologie* auf die Tatsache, daß es etwa seit der Mitte des
neunzehnten Jahrhunderts „bei autonomen Gebilden geradezu die Regel" sei, „im *Protest* gegen soziale Rezeption"
ihren „sozialen Gehalt" zum Ausdruck zu bringen[3].

Der Wahrheitsgehalt eines Kunstwerks läßt sich vor allem
durch den Bezug zu dem ihm Auswendigen und dem sich
dort manifestierenden Unwahren fassen. „Ein Kunstwerk
als Komplexion von Wahrheit begreifen, bringt es in Relation zu seiner Unwahrheit, denn keines ist, das nicht teil-
hätte an dem Unwahren außer ihm, dem des Weltalters"
(7, 515). Gemeint ist die oft zitierte Unwahrheit des Ganzen[4],
die erst als das Wahre bezeichnet werden kann.

Ein Kunstwerk muß mithin immer gesellschaftlich interpretiert werden. Doch soll man hier nicht vom Stoff aus-
gehen. „Gesellschaftlich entscheidet an den Kunstwerken",
erklärt Adorno recht kategorisch, „was an Inhalt aus ihren
Formstrukturen spricht" (7, 342). Diese Überzeugung hat er
immer wieder mit Beispielen aus der Musik- und Literaturgeschichte zu belegen versucht. So formuliert er elegant-

---

[2] Theodor W. Adorno, *Ohne Leitbild. Parva Aesthetica*, Frankfurt
am Main [5]1973, S. 97
[3] ebenda
[4] Theodor W. Adorno, *Minima Moralia. Reflexionen aus dem beschädigten Leben*, Frankfurt am Main 1964, S. 57: „Das Ganze ist
das Unwahre".

aphoristisch: „Kafka, in dessen Werk der Monopolkapitalismus nur entfernt erscheint, kodifiziert am Abhub der verwalteten Welt getreuer und mächtiger, was den Menschen unterm totalen gesellschaftlichen Bann widerfährt, als Romane über korrupte Industrietrusts. Daß Form der Ort des gesellschaftlichen Gehalts sei, ist bei Kafka zu konkretisieren an der Sprache" (7, 342).

Aus diesem Grund verwarf auch Adorno engagierte Kunst. Indem sie die Wahrheit direkt ausspreche, werde sie selber zur Ideologie im Sinne von falschem Bewußtsein. Sie helfe, wenn auch ungewollt, die Maschen des Lügennetzes, mit dem die Gesellschaft übersponnen ist, verdichten.

Zum Wahrheitsgehalt des Kunstwerks gehört also auch, daß es nicht am Unwahren teilnimmt (wenngleich es an ihm teilhat). Das ist u. a. möglich, indem es sich nicht eindeutig auf den Begriff oder die sogenannte Aussage festlegen läßt. „... Kunstwerke, die der Betrachtung und dem Gedanken ohne Rest aufgehen, sind keine" (7, 184).

Wie Adorno immer wieder betont, ist ein Wesenszug des Kunstwerks dessen Rätselcharakter. „Alle Kunstwerke, und Kunst insgesamt, sind Rätsel; das hat von altersher die Theorie der Kunst irritiert" (7, 182). Durch ihren Rätselcharakter zwingen die Kunstwerke zu stets neuer Interpretation, zur Reflexion, und zwar nicht nur über ihren Sinn, sondern auch den des Auswendigen, Anderen. Adorno kommt zu dem paradoxen Schluß: „In oberster Instanz sind die Kunstwerke rätselhaft nicht ihrer Komposition sondern ihrem Wahrheitsgehalt nach. Die Frage, mit der ein jegliches den aus sich entläßt, der es durchschritt — die: Was soll das alles?, rastlos wiederkehrend, geht über in die: Ist es denn wahr?, die nach dem Absoluten, auf die jedes Kunstwerk dadurch reagiert, daß es der Form der diskursiven Antwort sich entschlägt. Die letzte Auskunft diskursiven Denkens bleibt das Tabu über der Antwort" (7, 192 f.). Trotz der Gewißheit, daß eine endgültige Antwort versagt bleibt, muß man doch immer wieder versuchen, die Rätsel, die die Kunstwerke aufgeben, zu lösen, um dem Wahrheitsgehalt überhaupt auf die Spur zu kommen. „Der Wahrheitsgehalt der Kunstwerke ist die objektive Auflösung des Rätsels eines jeden einzelnen. Indem es die Lösung verlangt, verweist es auf den Wahrheitsgehalt" (7, 193).

Adorno erhebt die alte Überzeugung von der Unausschöpflichkeit des Kunstwerks zu einem ästhetischen Prinzip und versucht, es gesellschaftlich auszulegen: dadurch daß sich das Kunstwerk nie klassifizieren, in ein bestimmtes Fach stecken läßt, es ein Nicht-Identisches ist, muß es der „verwalteten Welt", die alles dirigieren möchte, ein Dorn im Auge sein. Schon allein durch dieses Merkmal gibt das Kunstwerk die ganz allgemeine Wahrheit von dem Absolutheitsanspruch der „verwalteten Welt" kund. Indem sie diesen Anspruch nicht realisieren kann, gibt sie sich eine Blöße. Sie würde daher auch am liebsten die Kunst als Ganzes aus ihrem Reich verdammen, getreu dem alten platonischen Rezept.

Kunst ist ihr auch deswegen unbequem, weil sie die Sehnsucht nach einem Zustand der Gesellschaft erweckt, in welchem „das volle Maß möglicher Herrschaftsfreiheit verwirklicht wäre"[5], obwohl die Kunst diesen Zustand nicht namentlich benennt oder als Bild darzustellen versucht. Der Wahrheitsgehalt von Kunst ist mit anderen Worten nicht nur in der intentionslosen Kritik der Kunstwerke am falschen Schein der repressiven Gesellschaft zu suchen, sondern auch in deren utopischen Intention.

Indem die Kunstwerke Sehnsucht nach richtigem, d. h. im Sinne von Adorno bisher nicht verwirklichtem Bewußtsein wachrufen, rücken sie in gefährliche Nähe jener Kunstwerke, die falsches Bewußtsein vermitteln, denn in dem Falschen steckt insofern Richtiges, als sich in ihm eine Sehnsucht nach Anderem, Besserem verbirgt. Leider reflektiert Adorno nicht die vielen feinen Übergänge vom falschen zum kritischen und richtigen Bewußtsein. Allzu schnell wendet

---

[5]   Friedemann Grenz, *Adornos Philosophie in Grundbegriffen. Auflösung einiger Deutungsprobleme*, Frankfurt am Main 1974, S. 61

er sich dem Extremfall zu, wo falsches Bewußtsein einen „adäquaten Ausdruck" im Kunstwerk findet. Sofort hat er den dialektischen Schluß zur Hand, daß „vollkommene Darstellung falschen Bewußtseins" der Name für richtiges sei (7, 196), allein schon deshalb, weil dieses bis heute nicht existiere. Und jene „vollkommene Darstellung falschen Bewußtseins" sei selber Wahrheitsgehalt. Alltagsbewußtsein würde an dieser Stelle einwerfen: „Also vollkommene Lüge ist die Wahrheit". Adorno spürt diesen Einwand und beteuert sogleich: „Große Kunstwerke können nicht lügen. Noch wo ihr Gehalt Schein ist, hat er als notwendiger eine Wahrheit, für welche die Kunstwerke zeugen; unwahr sind nur die mißlungenen" (7, 196). Dagegen könnte man allerdings den Ausspruch in der *Ästhetischen Theorie* setzen, „gesellschaftlich falsches Bewußtsein" könne nicht „zum ästhetisch Authentischen" werden. Widersprüchliche Aussagen dieser Art ergeben sich daraus, daß Kunstwerke einerseits kritisches Bewußtsein wachhalten, indem sie als Antithese zum schlechten Gesellschaftszustand erscheinen, sie anderseits durch ihren Scheincharakter etwas vortäuschen, was an falsches Bewußtsein heranreicht, obwohl Täuschung auch „Verheißung" bedeuten kann (7, 193)[6]. Ideologiekritische Beleuchtung des jeweiligen Werkes könnte zu einer Lösung dieses Dilemmas führen, wenn sich Kunst nicht eindeutiger Auslegungen entzöge. Ideologiekritik allein

---

6 vgl. hierzu auch Friedemann Grenz, der meint, daß die Wahrheit ihre Genese im falschen Schein habe. Es gelte „das Nichtige des Falschen richtig" zu erkennen, aber dabei solle dennoch der „Anspruch des Falschen" aufbewahrt werden, „weil im falschen Ideologischen allein die Idee richtigen Lebens entstehen kann" (ebenda S. 74). Bei aller Richtigkeit dieser Interpretation würde ich mich gegen das Wörtchen „allein" wehren. Auch Kitsch ist ein Ausdruck der Sehnsüchte der in der Entfremdung lebenden Masse. Daraus folgt aber noch nicht, daß allein aus diesem falschen Bewußtsein die Vorstellung des richtigen Lebens erwachsen kann.

führt uns nach Adorno auch deswegen nicht weiter, weil ein Kunstwerk nur dann gesellschaftlich wahr sein kann, wenn es dies „auch bei sich selbst" (7, 368) ist. Zur Beurteilung der inneren Wahrheit des Kunstwerks müssen wir den Entwicklungsstand der Kunst als Ganzes kennen. Ideologiekritisches Denken kann daher nur einen Bestandteil der Kunstkritik und Ästhetik bilden. Ideologien bestimmen schließlich nur indirekt die Struktur des Kunstwerks.

Adorno verbindet die Problematik des Wahrheitsgehalts der Kunst mehrmals mit dem Begriff des Geistes. In seiner „frühen Einleitung" zur *Ästhetischen Theorie* lesen wir: „Alle ästhetischen Fragen terminieren in solchen des Wahrheitsgehalts der Kunstwerke: ist das, was ein Werk in seiner spezifischen Gestalt objektiv an Geist in sich trägt, wahr?" (7, 498). An anderer Stelle heißt es: „Die Bestimmung des Geistes in den Kunstwerken ist die oberste Aufgabe von Ästhetik..." (7, 513).

Unter Geist versteht Adorno das, was die Kunstwerke zu einem mehr als bloß Erscheinenden und Dinglichen, einem Anderen macht. „Wodurch die Kunstwerke, indem sie Erscheinung werden, mehr sind als sie sind, das ist ihr Geist" (7, 134). Einige Sätze weiter führt Adorno aus: Der Geist „macht die Kunstwerke, Dinge unter Dingen, zu einem Anderen als Dinglichem, während sie doch nur als Dinge dazu zu werden vermögen, nicht durch ihre Lokalisierung in Raum und Zeit sondern durch den ihnen immanenten Prozeß von Verdinglichung, der sie zu einem sich selbst Gleichen, mit sich Identischem macht. Sonst könnte von ihrem Geist, dem schlechterdings Undinglichen, kaum die Rede sein. Er ist nicht bloß der spiritus, der Hauch, der die Kunstwerke zum Phänomen beseelt, sondern ebenso die Kraft oder das Innere der Werke, die Kraft ihrer Objektivation; an dieser hat er nicht weniger teil als an der ihr konträren Phänomenalität. Der Geist der Kunstwerke ist ihre immanente Vermittlung. Sie widerfährt ihren sinnlichen Augenblicken und ihrer objektiven Gestaltung; Vermittlung in dem strengen Sinn, daß ein jedes dieser Momente

im Kunstwerk evident zu seinem eigenen Anderen wird"
(7, 134).

Das Geistige ist gleichsam die Kraft, die die einzelnen
Elemente des Kunstwerks zueinander in Beziehung setzt,
oder in der hegelianischen Sprache Adornos ausgedrückt, sie
immanent vermittelt. Damit soll nicht gesagt sein, daß
Adornos Auffassung vom Geist sich mit der Hegels decke.
Vor allem lehnt Adorno jegliche gesonderte Existenz des
Geistes ab, der in Religion, Kunst und Philosophie nur jeweils seinen Ausdruck findet. Die ganze Ästhetik Adornos
widerspricht geradezu Hegels Ansicht, daß die Kunst durch
die Beschränkung, nur Sinnliches ausdrücken zu können,
auch nur sinnlich darstellbarer Wahrheit fähig sei[7] und sie
daher nicht zu den obersten Bereichen des Geistes, der
Philosophie gelangen könne[8]. Nach Adorno kann gerade
Kunst philosophische Wahrheit zum Ausdruck bringen,
ohne sich philosophischer Redeweisen zu bedienen. Kunst
trägt selber Geist in sich bzw. erzeugt diesen bei dem Betrachter, Hörer oder Leser. Hierbei darf man allerdings nicht
vergessen, daß Adorno immer an einen reflektierenden
Kunstempfänger denkt. Dieser soll das Kunstwerk zwar
nicht auf Ideen reduzieren, denn jede Idee geht am Enigmatischen des Kunstwerks vorbei, doch wird er durch
kritische Haltung und begriffliche Reflexion imstande sein,
das So-Seiende und Transzendierende des Kunstwerks zu
erfassen und das Geronnene wieder in Bewegung zu bringen.
Zum Verständnis des Kunstwerks gehört, worauf Adorno
immer wieder hinweist, es als ein Gewordenes zu begreifen,
aber dabei nicht stehen zu bleiben, sondern es gleichzeitig
mit dem Blick des Modernen zu betrachten.

Hegel zufolge ist der Inhalt der Welt des Kunstschönen
die „gestaltete Geistigkeit", die dem absoluten Geist, der

---

[7] Georg Wilhelm Friedrich Hegel, *Ästhetik*, Berlin und Weimar 1965,
hsg. von Friedrich Bassenge, Bd. I, S. 108 f.

[8] ebenda S. 111

Wahrheit, näherkommt. Etwas davon ist in Adornos Ästhetik
erhalten geblieben. Auch sie kennt die Dialektik zwischen
Geist und Gestalt um der Wahrheit willen, nur ist der Begriff der Wahrheit ein problematischer geworden, denn für
Adorno gibt es weder eine absolute Wahrheit noch die
Suche nach einer zur Zeit gültigen Wahrheit. Alles Geronnene riecht, wie er meint, nach Ideologie. Kritische Reflexion hat sich vor allem um die fortwährende Aufdeckung
der Unwahrheit zu bemühen. Kunst spielt heute gerade deswegen eine so große Rolle, weil sie uns zwar stets zur Wahr-
heitssuche auffordert, sie uns aber nie die Wahrheit in reiner
Gestalt, als Idee, in die Hand gibt. Rüdiger Bubner hat mit
Recht, wenn auch etwas zugespitzt, Adornos Wahrheitsbe-
griff in der Kunst als eine transzendentale Idee bezeichnet,
die „sich nur zum Preise des Verzichtes auf ihre Erfassung"
erhält[9]. Man könnte auch die Formulierung wagen: der
Wahrheitsgehalt zehrt von der Unwahrheit in der Gesellschaft, das Unwahre bestimmt die Suche nach der Wahrheit, sie selber käme als Idee nicht zum Tragen.

---

[9]   Rüdiger Bubner, Über einige Bedingungen gegenwärtiger Ästhetik
in: *neue hefte für philosophie*, H. 5, S. 42 (Göttingen 1973)

II. Der Erkenntnischarakter der Kunst

In der *Ästhetischen Theorie* erklärt Adorno an einer Stelle, daß Kunst „eine Gestalt der Erkenntnis" sei (7, 383). Diese Bemerkung macht er zwar etwas beiläufig, aber der Gedanke selber ergibt sich aus seiner Ästhetik als Ganzes. Wenn Kunst einmal an Wahrheit gekoppelt wird, muß sie auch mit Erkenntnis verbunden werden; denn seit jeher ergibt sich die Findung der Wahrheit aus der Suche nach Erkenntnis, außerhalb dieser Suche existiert keine Wahrheit. Der Glaube an ewige Wahrheiten ist eine Chimäre, nicht einmal die physikalischen haben der Zeit widerstanden. Nach Ptolemäus folgte Copernicus, nach Newton Einstein. Die Wahrheit kann immer nur von Menschen zu einer solchen erklärt werden, was jedoch kein Willkürakt ist. Etwas kann nur dann als wahr angenommen werden, wenn es dem allgemeinen Erkenntnisstand entspricht, wenn es anderen Erkenntnissen (Wahrheiten) nicht zuwiderläuft. Am kompliziertesten ist es, im Bereich des Gesellschaftlichen etwas für wahr zu erklären, weil hier Demagogie und Lüge gang und gäbe sind und Ideologien die Interpretation der gesellschaftlichen Wirklichkeit bestimmen, im besten Fall mitbestimmen und weil die gesellschaftliche Totalität den grundlegenden Ausgangspunkt bilden müßte (trotz aller Vermittlungen durch das Einzelne und Konkrete). Adorno geht zwar vom gesellschaftlich Ganzen aus, aber für ihn ist dieses Ganze, wie er immer wieder betont, das Unwahre. Einzig Kunst scheint das Medium zu sein, in dem die Wahrheit über den Gesellschaftszustand zur Erkenntnis gebracht werden kann, ohne daß zugleich ein System der Lüge aufgebaut werden muß. Da jedoch Adorno die Spiegelung gesellschaftlicher Probleme im Kunstwerk nur in einer sehr vermittelten und bedingten Art anerkennt, indem er behauptet, daß die Konflikte der Außenwelt als die immanenten Stilprobleme des Kunstwerks wiederkehren, daß Kunst „die zum Bewußtsein ihrer selbst getriebene Mimesis" (7, 384) ist, kann auch der Erkenntniswert, den das Kunstwerk verkörpert, nur ein indirekter sein. Das höchste, was sie leisten kann, ist, daß sie das Wesen der Wirklichkeit zu fassen vermag. Im Bereich der Literatur ist das vor allem Kafka und Beckett gelungen. Obwohl sie in ihren Werken nicht die Realität spiegeln, vermitteln sie doch fundamentale soziale Erkenntnisse über die Mechanismen der modernen „verwalteten Welt", um einen Lieblingsausdruck Adornos zu gebrauchen. „Soziale Erkenntnis wird sie (die Kunst), indem sie das Wesen ergreift; nicht es beredet, bebildert, irgend imitiert" (7, 384).

Die Erkenntnisse sind dann sozial und zugleich fundamental, wenn das Kunstwerk nicht nur die Welt noch einmal ist, sondern auch eine „negative Tendenz" gegen sie verkörpert[1], wenn es eine „Zerstörung dessen, was durch vertraute Sinne vorgespiegelt wird..." (7, 209) einbringt. Erkenntnis ist Kunst durch „tendenzielle Kritik der naturbeherrschenden ratio, deren fixe Bestimmung sie durch Modifikation in Bewegung bringt. Nicht als abstrakte Negation der ratio, nicht durch die ominöse unmittelbare Schau des Wesens der Dinge sucht Kunst dem Unterdrückten das Seine widerfahren zu lassen, sondern indem sie die Gewalttat der Rationalität durch deren Emanzipation von dem, was ihr in der Empirie ihr unabdingbares Material dünkt, revoziert" (7, 209). Kunst gibt wesenhaften Einblick

---

[1]   Ulf Schramm spricht in seinem Aufsatz „Kritik der Theorie vom ‚Kunstwerk als Negation'. Beobachtungen an Becketts ‚Endspiel' und an Bildern von Vasarely und Fontana" (in *Philosophisches Jahrbuch*, 76. Jahrgang, 2. Halbband, München 1968/69) von „einer Opposition zwischen Kunst und Erkenntnis" (S. 356). Er kann sich hier auf solche Sätze berufen wie: „Durch Kunstfeindschaft nähert das Kunstwerk sich der Erkenntnis" (Th. W. Adorno, *Philosophie der neuen Musik*, Frankfurt/Main 1974, S. 112)

in den Herrschaftsanspruch der Wirklichkeit, der in den ver-
schiedensten Formen rationalisiert wird, aber es ist ein kritischer Einblick, welcher zur Distanz, wenn nicht zur Opposition veranlaßt. Das wäre jedenfalls eine logische Schlußfolgerung aus den Gedankengängen Adornos. Ein gewisses
Element der Praxis, das marxistische Ästhetik immer wieder
von der Kunst fordert, fände sich somit auch in diesem
System. Aber angesichts der Erstarrung[2], in welcher sich
Adorno zufolge die moderne Gesellschaft befindet, der
Aussichtslosigkeit auf eine Änderung ist die von der Kunst
eingebrachte kritische Erkenntnis eher demobilisierend. Zu
einem die Wirklichkeit verändernden Eingreifen in die
Wirklichkeit engagieren die Kunstwerke, die Adorno meint,
nicht.

Man könnte Adornos Ansicht auf die Formel bringen,
Kunst ist mittelbare Erkenntnis der Negativität der Welt;
mittelbar, weil die Welt des Scheins nicht eine Widerspiegelung der wirklichen ist. Die Erkenntnis des Negativen in
der Welt, ihrer Widersprüche soll zugleich die Notwendigkeit
ihrer Überwindung spüren lassen. Adorno nennt es oft die
Sehnsucht nach dem Anderen.

Erkenntnisse vermittelt Kunst stets dadurch, daß sie ihre
eigenen immanenten Probleme im Werk selber konsequent
zu lösen sucht. Bereits 1932, als Adorno der gesellschaftlichen Entwicklung noch etwas optimistischer gegenüber-
stand, erklärte er in seinem Essay „Zur gesellschaftlichen
Lage der Musik": „Von Musik, die heute ihr Lebensrecht
bewähren will, ist in gewissem Sinne Erkenntnischarak-
ter zu fordern. In ihrem Material muß sie die Probleme rein
ausformen, die das Material — selber nie reines Natur-
material, sondern gesellschaftlich-geschichtlich produziert —
ihr stellt; die Lösungen, die sie dabei findet, stehen Theorien

---

[2] Vgl. hierzu auch Friedrich Tombergs Aufsatz „Utopie und Negation. Zum ontologischen Hintergrund der Kunsttheorie Theodor
W. Adornos" in seiner *Politischen Ästhetik*, Darmstadt und Neuwied 1973, S. 26

gleich: in ihnen sind gesellschaftliche Postulate enthalten, deren Verhältnis zur Praxis zwar äußerst vermittelt und schwierig sein mag und die keinesfalls umstandslos sich mögen realisieren lassen, über die aber in letzter Instanz entscheidet, ob und wie sie in die gesellschaftliche Wirklichkeit einzugehen vermögen"[3]. 1932 meinte Adorno noch, daß man sich darüber Gedanken machen müsse, wie und ob Postulate in die Wirklichkeit eingehen. In seinen späteren Schriften geht er von einer solchen Fragestellung weitestgehend ab. Sein Glaube an die Veränderung der Gesellschaft reduzierte sich auf ein Minimum. Mehr und mehr betont er den Rätselcharakter der Kunst und das, wodurch sie zu einem Anderen wird. Damit geht der Erkenntnis ein wichtiges Merkmal verloren, das der — zumindest momentanen — Gewißheit. Bekanntlich erblickt Adorno in der unbestimmten oder begriffslosen Erkenntnis[4] der Kunst einen Vorteil gegenüber den diskursiven Erkenntnisurteilen in Wissenschaft und Philosophie, denn wer Kunst verstehen will, muß sie immer als Ganzes erfassen. „Was als urteilslose Synthese die Kunst an Bestimmtheit im einzelnen einbüßt, gewinnt sie zurück durch größere Gerechtigkeit dem gegenüber, was das Urteil sonst wegschneidet. Zur Erkenntnis wird das Kunstwerk erst als Totalität, durch alle Vermittlungen hindurch, nicht durch seine Einzelintentionen"[5]. Aber es ist eine Totalität, die sich dem nach Erkenntnis Suchenden immer wieder entzieht. Sie läßt sich — was wir seit Kant wissen — weder auf einen Begriff bringen, noch durch intuitives Verstehen gänzlich erfassen. Kunstwerke, die für Adorno „die vom Identizitätszwang befreite Sich-

---

[3]   *Zeitschrift für Sozialforschung*, hsg. von Max Horkheimer, München 1970 (Neudruck), Bd. I, S. 105 f.

[4]   vgl. hierzu Martin Zenck, *Kunst als begriffslose Erkenntnis. Zum Kunstbegriff der ästhetischen Theorie Theodor W. Adornos*, München 1977, insbesondere S. 100 ff.

[5]   Theodor W. Adorno, *Noten zur Literatur II*, Frankfurt am Main 1961, S. 175

selbstgleichheit" (7, 190) sind, kann man erst verstehen,
wenn man sich ihnen selbst gleichmacht, sie nachahmt[6].
Streng genommen geben sie sich nur selber kund, lassen sie
nur ihr eigenes Sosein erkennen. Sie sind erkenntnistheo-
retisch gesehen genau das, was der Solipsismus sein wollte[7].
Dies bedeutet aber zugleich, daß Kunst nicht nur Erkenntnis, sondern auch eine Flucht vor Erkenntnis darstellt: um
des Gefühls der Freiheit vom alles umfassen wollenden
Identitätszwang willen. Wenn man will, vermittelt sie —
im Sinne Adornos — nur die unfaßbare Erkenntnis von der
Existenz des Nichtidentischen.

---

[6] vgl. 7, 160
[7] vgl. 7, 70 und *Noten zur Literatur II*, a.a.O., S. 164

III. Kunst und Praxis

Schon die vorangegangenen Ausführungen lassen erkennen, daß Adorno eine Kunst, die auch gesellschaftlich praktisch wirken will, ablehnt, da sie im Endresultat nur zur Verhärtung der Herrschaftsstrukturen beitragen würde. Adorno ist von einem tiefen Mißtrauen gegen gesellschaftliche Praxis erfüllt. „Praxis tendiert ihrer schieren Form nach zu dem hin, was abzuschaffen ihre Konsequenz wäre; Gewalt ist ihr immanent und erhält sich in ihren Sublimierungen. . .‟ (7, 359). Trotzdem sieht er die Notwendigkeit des Widerstands, wenn auch nur oder fast ausschließlich im geistigen Bereich. „Kraft zum Widerstand‟[1] erwecken Denken und künstlerisches Schaffen. Was einmal „triftig gedacht wurde, muß woanders, von anderen gedacht werden: dies Vertrauen begleitet noch den einsamsten und ohnmächtigsten Gedanken... Das Glück, das im Auge des Denkenden aufgeht, ist das Glück der Menschheit‟[2]. Und Kunstwerke sind „durch alle Vermittlungen, alle Negativität hindurch... Bilder einer veränderten Menschheit...‟ (7, 358). Sie stehen für die „Gewaltlosigkeit‟, d. h. den herrschaftslosen Zustand. Sie enthalten sich zwar der Praxis, aber gleichzeitig sind sie „Anweisungen‟ für diese Praxis: „die Herstellung richtigen Lebens‟, wie Adorno dialektisch in seinem Essay über das *Engagement* formuliert[3].

Über Adornos abstrakten Praxisbegriff, in welchem Denken und Kunst gegen das Handeln ausgespielt werden,

---

[1] *Theodor W. Adorno zum Gedächtnis*, hsg. von Hermann Schweppenhäuser, Frankfurt am Main 1971, S. 13

[2] ebenda

[3] Theodor W. Adorno, *Noten zur Literatur III*, Frankfurt am Main 1965, S. 134

ist viel diskutiert worden[4]. Es ist der schwächste Punkt der „kritischen Theorie". Von hier aus ließe sich die ganze Sinnlosigkeit der scharfsinnigen Kulturkritik Adornos darstellen. Herbert Marcuse, der in diesem Punkt Adorno widersprach, meinte, daß dieser „die Umsetzung der Theorie in die Praxis" wahrscheinlich vertagt habe, weil er im Spätkapitalismus nicht mehr das „gesellschaftliche Subjekt der Revolution" finden konnte. Man müßte allerdings hinzufügen, daß es Adorno auch nicht gesucht hat. Er ließ sich von dem Bestehenden so sehr erschrecken, daß er förmlich erstarrte. Er konnte seinen Blick nicht mehr von dem „grenzenlosen Leid, das über die Menschen hereinbrach"[5], und für das Auschwitz das immer wieder zitierte Symbol war,

---

[4] vgl. hierzu unter anderem Friedrich Tomberg, „Utopie und Negation. Zum ontologischen Hintergrund der Kunsttheorie Th. W. Adornos" in: *Das Argument* 26, 1963, S. 36—48; Manfred Clemenz, „Theorie als Praxis? Zur Philosophie und Soziologie Adornos" in: *neue politische literatur*, Frankfurt am Main 1968, H. 2, S. 178—194; Frank Böckelmann, „Die Möglichkeit ist die Unmöglichkeit. Die Unmöglichkeit ist die Möglichkeit", Otto F. Gmelin, „Negative Utopie — Schaltsystem der Utopie", Hans N. Schmidt, „Theorie zu ihrem Ende gedacht", Hans Heinz Holz, „Mephistophelische Philosophie", Johannes Agnoli, „Die Schnelligkeit des realen Prozesses. Vorläufige Skizze eines Versuchs über Adornos historisches Ende" (alle in *Die neue Linke nach Adorno*, hsg. von Wilfried F. Schoeller, München 1969); Ulrich Sonnemann, „Erkenntnis als Widerstand" in *Theodor W. Adorno zum Gedächtnis*, a.a.O., S. 150—176, wo er gegen die Autoren des von Schoeller herausgegebenen Bandes polemisiert; Peter Reichel, *Verabsolutierte Negation. Zu Adornos Theorie von den Triebkräften der gesellschaftlichen Entwicklung*, Berlin 1972, und Igor S. Narski, *Die Anmaßung der negativen Philosophie Theodor W. Adornos*, Berlin 1975

[5] Theodor W. Adorno, *Philosophie der neuen Musik*, Frankfurt am Main, Berlin, Wien 1974, S. 21

lösen. Er verharrte in der Haltung des Betroffenseins[6]. Trotz berechtigter Ablehnung dessen, was er Pseudo-Aktivismus nennt, ist eine Beschränkung auf Demaskierungen falschen Bewußtseins und des Systems der repressiven Maßnahmen zu wenig. Es hätte zumindest sein Ziel sein müssen, die Geste des Sich-Weigerns zu einer allgemeinen werden zu lassen. Doch zu dieser Zielsetzung war Adorno nicht imstande, weil er einerseits einem elitären Ideal des einsamen Individuums nachhing und er anderseits fürchtete, daß Ideen, die die Massen ergreifen, nicht nur zur materiellen Gewalt[7] werden, sondern zugleich auch ihre ursprüngliche Sprengkraft verlieren könnten.

Adornos Praxisbegriff stand besonders am Ende der sechziger Jahre zur Zeit der Studentenbewegungen im Mittelpunkt der bundesdeutschen Diskussion um den revolutionären Wert und Unwert der „kritischen Theorie". Eine günstige Zielscheibe für Angriffe verschiedener Art bot Adorno durch sein Verhalten während der studentischen Besetzung des Frankfurter Instituts für Sozialforschung. Zu der Fragwürdigkeit der Attacken der linksradikalen Opposition gegen das Institut hatte 1969 unter anderem Hans G Helms in seinem Buch *Fetisch Revolution. Marxismus und Bundesrepublik* prinzipiell Stellung genommen: „Die Linksradikalen stellen den ‚Autoritäten' heute gern die ‚Machtfrage' und stürmen etwa das frankfurter Institut für Sozialforschung. Doch die ‚Macht' und der etwaige Einfluß Adornos, seiner Mitdirektoren und des Instituts beruhen auf Konzessionen des Monopolkapitals an das proletarisierte Bildungsbürgertum (an bestimmte Funktionsgruppen der dienstleistenden Arbeiter), verbunden mit dem Zweck, das

---

[6] siehe Jürgen Habermas, „Theodor W. Adorno wäre am 11. September 66 Jahre alt geworden" in: *Theodor W. Adorno zum Gedächtnis*, a.a.O. S. 26

[7] vgl. Karl Marx, Zur Kritik der Hegelschen Rechtsphilosophie. Einleitung, in: *Marx-Engels-Werke*, Bd. 1, Berlin 1961, S. 385

Institut möge fixe konzeptive Ideologen ausbilden, die sich als ‚linkes' Schamtuch des monopolkapitalistischen Ausbeutungssystems tauglich erweisen werden. Ihre primäre Aufgabe wird es sein, linkes Oppositionsbegehren in politisch wirkungslose philosophische Kanäle abzuleiten. Die Lizenz zur neohegelianischen Bewirtung durstiger Seelen kann ebenso schnell widerrufen werden wie eine andere Lizenz zum Ausschank intoxikierender Getränke. Die Zuwendung von der Industrie oder vom Staat können verknappt oder ganz eingestellt werden. Oder Herr Unseld ist mit dem Verkauf der Schriften Adornos unzufrieden und verlegt nicht mehr. Oder die Redakteure von Rundfunk- und Fernsehanstalten — unter ihnen nicht wenige ehemalige Schüler des Meisters, denen sein Verhalten zur studentischen Protestbewegung mißfallen hat — lassen lieber jemand anderen Linksliberales verkünden. Und die Studenten wollen ohnedies von Hegel redivivus nichts mehr hören. Die Zeiten für verhegelten ‚Marxismus' sind vorüber. Damit sind die Grenzen der ‚Macht' und des Einflusses Adornos und des Instituts (repräsentativ für jegliche derartige Institution) abgesteckt. Sie sind so eng, daß dieser ‚Autorität' die ‚Machtfrage' zu stellen, wie es jüngst in Frankfurt mit entsprechenden Resultaten (Polizeieinsatz, Verhaftungen) geschehen, absurd ist". Und in einer Anmerkung hierzu schreibt Helms: „Das Beispiel möge nicht dazu mißbraucht werden, die Bedeutung der ästhetischen und kulturkritischen Reflexionen Adornos zu desavouieren, deren gesellschaftliche Implikationen die Linksradikalen offensichtlich nicht begriffen haben, wie das Verhalten von hamburger und westberliner SDS-Genossen im hamburger Henze-Skandal im Dezember 1968 demonstriert hat. Sonst hätte eine Koalition zwischen SDS und dem künstlerisch wie politisch reaktionären Komponisten Henze nicht zustande kommen können"[8]. Mit den kritischen Äußerungen

---

[8] Hans G Helms, *Fetisch Revolution. Marxismus und Bundesrepublik*, Neuwied und Berlin 1969, S. 156 f.

Hans-Jürgen Krahls in der „Frankfurter Rundschau" vom 13.8.1969 („Der politische Widerspruch der Kritischen Theorie Adornos") und den Bemerkungen von H. H. Holz in dem Essay „Mephistophelische Philosophie" über Adornos ablehnende Haltung politischen Aktionen gegenüber hat sich F. Grenz auseinanderzusetzen versucht, indem er sich auf die nun einmal notwendig gewordene Teilung zwischen Hand- und Kopfarbeit beruft und Adornos Engagement als das eines Kopfarbeiters auslegt. Der Satz Adornos, die Praxis sei „auf unabsehbare Zeit vertagt", dürfe „nicht so gelesen werden, als plädiere Adorno dafür, daß niemand politisch progressiv handeln soll. Sondern die kritische Gesellschaftstheorie Adornos gedenkt in der notwendigen Arbeitsteilung ihr Teil *als Kopfarbeit* beizutragen: das Ganze in seiner Unwahrheit zu denken. Es sei die Bemerkung gestattet, daß, wer Adorno so interpretiert, als ob seine Theorie nicht nur das Ausmalen von Bildern des versöhnten Zustands mit einem Verbot belege, sondern auch jede Aktion, auch den Bericht Sonnemanns für erlogen halten muß, nach welchem Adorno kurz vor seinem Tode davon gesprochen hat, ‚wie er über jede glückende Rebellionsregung der »Kinder«, der oppositionellen Studenten, jeden Anflug von Geist, phantasievoller Polemik, von Witz, der in der Regel auch nicht unbelohnt von punktuellen Erfolgen geblieben sei, wie ein Schneekönig sich gefreut habe'. Niemand hat schärfer als Adorno das Problem des kontemplativen Lebens reflektiert. Gerade die Einsicht, daß die unmittelbare Einheit von Theorie und Praxis hier und jetzt nicht möglich ist, motivierte ja auch Krahl und Holz dazu, die Dringlichkeit der praktischen Veränderung des Bestehenden hervorzukehren"[9]. Wenngleich Grenz in vielem Recht hat, so muß man ihm trotzdem Apologie des Adornoschen Denkens und Tuns vorwerfen. Genauso wie Adorno nimmt Grenz eine

---

[9] F. Grenz, a.a.O. S. 150

Quasi-Unmöglichkeit der Veränderung der „verwalteten Welt" an. So bleibt ihm einzig, die bestimmte Negation als ein Grundverfahren der negativen Dialektik und die sich daraus ergebende Flucht „des Etwas-Charakters in die Reflexion"[10] zu verteidigen.

Grenz' Apologetik wäre die Idee entgegenzuhalten, die einmal Holz geäußert hat, Adornos Philosophie als eine Herausforderung aufzufassen mit dem Ziel: „den Fortschritt im Bewußtsein der Freiheit weiterzutreiben"[11].

---

[10] ebenda S. 116
[11] *Die neue Linke nach Adorno*, a.a.O. S. 182

IV. Was Kunst sei

Kunst habe zwar „ihren Begriff in der geschichtlich sich verändernden Konstellation von Momenten" (7, 11), doch
einer Definition sperre er sich. Wenn Adorno Kunst sagt,
meint er zumeist moderne Kunst, die er gegen ältere abhebt,
ohne sich die Mühe zu geben, diese genauer zu fassen, denn
ohne ihre Bestimmung muß auch der Begriff der modernen
Kunst ein vager sein. Zwar gibt Adorno zu: „Die Definition dessen, was Kunst sei, ist allemal von dem vorge-
zeichnet, was sie einmal war...", doch weicht er gleich mit
dem Hinweis aus, daß sie sich nur an dem legitimiert, „wozu
sie geworden ist, offen zu dem, was sie werden will und
vielleicht werden kann" (7, 11 f.).
  Eine deutliche Unterscheidung zwischen älterer und moderner Kunst scheint Adorno deswegen nicht machen zu
wollen, weil er einerseits die Kunst als Ganzes mit dem Leid
verbindet, er anderseits glaubt, daß ältere Kunst Trost und
Versöhnung bot, während moderne kaum noch die Hoffnung darauf zu geben weiß. Mehrmals zitiert er „das Hegel-
sche Motiv von der Kunst als Bewußtsein von Nöten" (7,
35)[1], und immer wieder vereint er Kunst und Leiden miteinander, das seit Jahrhunderten aus der ästhetischen Ver-
haltensweise ausgeklammert worden sei, da die Kunst einst,
als sie noch mit Religion und Theologie gekoppelt war, Zuspruch spenden, die Wahrheit der Erlösung prophezeien

---

[1] zu der falschen Interpretation dieses „Motivs" vgl. Jürgen Trabant, ‚Bewußtseyn von Nöthen'. Philologische Notiz zum Fortleben der Kunst in Adornos ästhetischer Theorie, in: *Text + Kritik*, Sonderband Theodor W. Adorno, hg. von Heinz Ludwig Arnold, München 1977, S. 130—135

sollte. Sie hatte mit anderen Worten der Affirmation zu dienen. Aber angesichts „dessen, wozu die Realität sich auswuchs, ist das affirmative Wesen der Kunst, ihr unausweichlich, zum Unerträglichen geworden. Sie muß gegen das sich wenden, was ihren eigenen Begriff ausmacht, und wird dadurch ungewiß bis in die innerste Fiber hinein" (7, 10). Hieraus konstruiert Adorno jedoch nicht einen eindeutigen Gegensatz, daß ältere Kunst Trost bringen sollte, während neuere Bewußtsein von Nöten ist, sondern seiner Meinung nach bewegt sich die Kunst zwischen beiden Polen, von dem einen zu dem anderen, ohne das eine ganz gewesen zu sein und das andere ganz zu werden: „Indem sie angreift, was die gesamte Tradition hindurch als ihre Grundschicht garantiert dünkte, verändert sie sich qualitativ, wird ihrerseits zu einem Anderen. Sie vermag es, weil sie die Zeiten hindurch vermöge ihrer Form ebenso gegen das bloß Daseiende, Bestehende sich wendete, wie als Formung der Elemente des Bestehenden diesem zu Hilfe kam. So wenig ist sie auf die generelle Formel des Trostes zu bringen wie auf die von dessen Gegenteil" (7, 10f.).

Trotz aller Einschränkungen kann man aus Adornos Ausführungen eine Bewegung der Kunst vom Trost zum Bewußtsein des Leidens herauslesen. Wir scheinen es also mit einer geschichtlichen Gesetzmäßigkeit zu tun zu haben, womit der Forderung nach einer Bestimmung der Kunst je nach historischer Konstellation Genüge geleistet wäre. Es ist aber ein zu abstraktes Bewegungsgesetz. Die Geschichte geht nicht solch gerade Wege, sie ist kein Individuum, dessen Schicksalslinie von der Geburt zum Tod verläuft. So wäre jedenfalls die Sicht zu interpretieren, daß aus Kunst als Trostspenderin eine Kunst des Leids geworden sei. Einst — in ihrer Kindheit — war sie noch dem Leben zugewandt, jetzt — im Alter — ahnt sie ihren Zerfall und Tod, und es bleibt ihr nichts anderes als der Ausdruck des Leidens.

Adorno faßt den Begriff der Kunst aber im Grunde genommen nicht historisch, sondern als Gegensatz zur Wirklichkeit, der sie sich nicht unterwerfen will. Kunst und

Nicht-Kunst sieht er als ein dialektisches Gegeneinander, als eine Bewegung. In diesem Sinne schreibt er: „Deutbar ist Kunst nur an ihrem Bewegungsgesetz, nicht durch Invarianten. Sie bestimmt sich im Verhältnis zu dem, was sie nicht ist. Das spezifisch Kunsthafte an ihr ist aus ihrem Anderen: inhaltlich abzuleiten; das allein genügte irgend der Forderung einer materialistisch-dialektischen Ästhetik. Sie spezifiziert sich an dem, wodurch sie von dem sich scheidet, woraus sie wurde; ihr Bewegungsgesetz ist ihr eigenes Formgesetz. Sie ist nur im Verhältnis zu ihrem Anderen, ist der Prozeß damit" (7, 12). Hieraus kann man schließen, daß Kunst immer bestimmbar ist, indem man sie mit dem Bestehenden, sie nicht Seienden konfrontiert. Doch ist das fast unmöglich, da sie nicht dessen einfaches Gegenteil ist, sondern sie ihren Protest in den ihr gemäßen Formen ausdrückt. Man kann nur negativ bestimmen, daß all jene Erscheinungen der Kunst nicht zugerechnet werden dürfen, die die Wirklichkeit nicht als ein Anderes erscheinen lassen.

An einer Stelle der *Ästhetischen Theorie* bezeichnet Adorno die Kunst als eine „gesellschaftliche Antithesis zur Gesellschaft" (7, 19). In dem Adjektiv „gesellschaftlich" steckt die Bedeutung, daß Kunst nicht eine Negation der jeweiligen Gesellschaft, das ganz Andere ist, sondern deren Kritik. Gesellschaft wird hier als leiderfüllte Geschichte verstanden. In diesem Sinne interpretiert Adorno beispielsweise Beckett, wenn er schreibt: „Geschichtlich sind Becketts Urbilder auch darin, daß er als menschlich Typisches einzig die Deformationen vorzeigt, die den Menschen von der Form ihrer Gesellschaft angetan werden"[2]. Kunst wäre mit anderen Worten als Widerspiegelung des hoffnungslosen gesellschaftlichen Zustandes auszulegen, wenngleich „nicht unmittelbar aus dieser zu deduzieren" (7, 19), um einen Satz Adornos in einem etwas veränderten Kontext zu verwenden. Mit klassischer Widerspiegelungstheorie hätte Adornos Kunstauffassung das Passive gemeinsam. Ähnlich

---

[2]   *Noten zur Literatur II*, a.a.O., S. 210

wie diese glaubt auch er, daß bereits die Hervorhebung oder
Herausarbeitung des Nicht-Akzeptierbaren in uns Wider-
standskräfte mobilisiert. Nur sucht er den Reflex des Aus-
wärtigen nicht im Inhalt, sondern in der Form. „Die ungelösten Antagonismen der Realität kehren wieder in den
Kunstwerken als die immanenten Probleme ihrer Form. Das,
nicht der Einschuß gegenständlicher Momente, definiert
das Verhältnis der Kunst zur Gesellschaft" (7, 16). Auf
diese Weise ist die Distanz zwischen Kunst und Wirklichkeit
garantiert, kann der Künstler etwas schaffen, was mit der
Gesellschaft nicht identisch ist und diese doch meint. Einzig
durch ihre Distanz polemisiert Kunst gegen die Gesellschaft.
„Indem sie sich als Eigenes in sich kristallisiert, anstatt bestehenden gesellschaftlichen Normen zu willfahren und
als ‚gesellschaftlich nützlich' sich zu qualifizieren, kritisiert
sie die Gesellschaft, durch ihr bloßes Dasein, so wie es von
Puritanern aller Bekenntnisse mißbilligt wird" (7, 335).

In der Betonung des Unterschieds zwischen Kunst und
Realität folgt Adorno weitestgehend der klassischen Ästhetik. Wie sie nennt er die Kunst ein Für- oder Ansichseiendes,
dessen Charakteristikum Schein ist. Zwar seien beide Begriffe in Verruf gekommen, aber Kunst kann auch heute
nicht anders erscheinen als ein Fürsichseiendes und damit
als Schein. Kunst „hat keine Gewalt über den Schein durch
dessen Abschaffung" (7, 166). Sie kann nur gegen falschen
Schein angehen, der sich im Streben nach Harmonie, d. h.
äußerer Versöhnung der Widersprüche, und in Vortäuschung
falscher Voraussetzungen manifestiert. Adorno führt die All-
wissenheit und Allgegenwärtigkeit des Erzählers als Beispiel für einen falschen Schein an, der im 20. Jahrhundert
überwunden wurde. Wenn Kunst jedoch versucht, den
Schein überhaupt aufzuheben, indem sie das, was sie zu sein
vorgibt, auch sein will, so hebt sie sich nach Adorno selber
als Kunst auf. In unserem Jahrhundert gab es viele Versuche,
die Kunst vom Schein zu befreien. Die eine Linie führt
vom Naturalismus bis hin zur Dokumentationsliteratur, die
andere vom Dadaismus zu der konkreten Lyrik und dem

Happening. Werke der einen und der anderen Art verwirft Adorno als nicht authentische Kunst. Sein klassisches Kunstverständnis läßt diese Extreme nicht zu. Sie sind ihm im besten Fall Indizien für die Krisensituation der modernen Kunst und die Unmöglichkeit einer Kunst im traditionellen Sinne. Die moderne Kunst und die Ästhetik müssen dagegen alles daran setzen, den Schein zu retten: „... kein Kunstwerk hat den Gehalt anders als durch den Schein, in dessen eigener Gestalt. Darum wäre das Zentrum von Ästhetik die Rettung des Scheins, und das emphatische Recht der Kunst, die Legitimation ihrer Wahrheit, hängt von jener Rettung ab" (7, 164). Heutige Kunst kann Wahrheit nur im Schein verkünden, denn eine Identifizierung mit der Wirklichkeit, d. h. der verwalteten Welt, wäre Lüge, Einverständnis mit dem Falschen, das Kunstwerk würde ins Dinghafte abgleiten; erst durch die Schaffung einer zweiten Realität im Fürsichsein des Kunstwerks wird die Wirklichkeit in ihrer Entfremdung entblößt, ohne daß es selber zu einem Entfremdeten wird. Das kann allerdings nur eine Kunst leisten, für die weiser Abstand zur Wirklichkeit eine Selbstverständlichkeit ist. Dieser Abstand darf aber nicht in Flucht ausarten. Trotz aller Esoterik und Hermetizität soll die Kunst am Leiden dieser Welt teilhaben.

Obwohl Adorno gegen Hegels Bestimmung der Kunst durch den Schein polemisiert, läßt sich die Verwandtschaft beider nicht leugnen. Adorno hat zwar Recht, wenn er Hegel vorwirft, daß dieser den Scheincharakter der Kunstwerke aus dem Sinnlichen herleite, aber er verschweigt, daß schon bei Hegel Schein — als ein Wesensmerkmal der Kunst — zugleich in die Sphäre des Geistes gehört. Adorno führt auch nicht jenen Punkt an, wo sich seine Sicht mit der hegelschen am stärksten berührt: in der Anschauung, daß die Kunst über die Wirklichkeit zu setzen sei. Gegen Hegels Meinung, daß „den Erscheinungen der Kunst der gewöhnlichen Wirklichkeit gegenüber die höhere Realität und das wahrhaftigere Dasein zuzuschreiben" sei[3], kann Adorno

---

[3]   G. W. F. Hegel, *Ästhetik*, a.a.O. Bd. I, S. 20

wohl einwenden, jener denke an eine Verklärung der Wirklichkeit oder eine Affirmation des Bestehenden, aber wenn
wir für „höhere Realität" die „zweite Gegenständlichkeit"[4]
setzten, wäre der Unterschied nur noch ein geringer. Kunst
ist für beide ein Geistiges und Wahrhaftes, ein „Anundfür-
sichseiendes" (Hegel) oder „Fürsichseiendes" (Adorno).
Für Adorno ist Kunst allerdings oft etwas über dem Geist
Stehendes, indem sie nämlich „den Anspruch des Geistes,
Seiendes zu sein, beim Wort nimmt und ihn als Seiendes
vor Augen stellt. Das, viel mehr als die Nachahmung der
Sinnenwelt durch das ästhetisch Sinnliche, auf welche die
Kunst verzichten lernte, nötigt sie zum Schein" (7, 165).
Doch muß auch Adorno bekennen, daß Kunst am Ende den
Geist nicht zu erreichen vermag, weil dieser Wahrheit, somit
im Sinne Hegels eine höhere Wirklichkeit verkörpert. „Geist
indessen", schreibt Adorno, „ist nicht nur Schein sondern
auch Wahrheit, er ist nicht nur Trug eines Ansichseienden
sondern ebenso die Negation alles falschen Ansichseins. Das
Moment seines Nichtseins und seiner Negativität tritt in die
Kunstwerke ein, die ja den Geist nicht unmittelbar versinn-
lichen, dingfest machen, sondern allein durchs Verhältnis
ihrer sinnlichen Elemente zueinander Geist werden. Deshalb
ist der Scheincharakter der Kunst zugleich ihre Methexis an
der Wahrheit" (7, 165 f.). Während Geist Wahrheit und zugleich die „Negation alles falschen Ansichseins" (Wahrheit
der Unwahrheit) *ist*, scheint Kunst an der Wahrheit nur teilhaben zu können. Sollte die Philosophie am Ende doch über
der Kunst stehen?
    Adornos Versuch, die Kategorien des Scheins und An-
sichseienden auch auf heutige Kunst anzuwenden, überrascht. Da er Zweifel und Bedenken nicht unterdrückt,
sondern sie ganz im Sinne der kritischen Theorie und negativen Dialektik mit in seine Erörterungen aufnimmt, und er
keine Versöhnung der Begriffe, sogenannte Synthesis, anstrebt, ist man bereit, diesem Versuch zu folgen. Man wird

---

[4]   diesen Begriff erläutert u. a. M. Zenck, a.a.O. S. 114 u. 132 ff.

nur durch die Mißachtung ganzer Kunstrichtungen und
-gattungen des 20. Jahrhunderts, die höchstens unwillkürlich oder en passant erwähnt werden, stutzig. Adorno setzt
einfach eine zu geringe Zahl von Koordinatenpunkten an,
um die komplizierten Phänomene der Moderne wenigstens
umrißhaft auf dem „Reißbrett" der Ästhetik abbilden zu
können. Schein, Ansichseiendes, Geist, Wahrheit, Realität
als verwaltete Welt reichen als Begriffe, die gleichzeitig
auch noch Werte sind, nicht aus, um den neueren Künsten
gerecht zu werden. Auch die Möglichkeiten, die uns durch
die Dialektik in die Hand gegeben werden sollen, helfen über
das Dilemma nicht hinweg. Im Gegenteil, es wird nur größer,
denn durch die dialektischen Gesetze, daß sich Extreme be-
rühren, das eine in das andere umschlagen kann, bekommen
wir den Eindruck, ein unerhört weites Feld mit Hilfe nur
einiger Begriffe überschauen zu können, wobei wir in Wirklichkeit auf diese Weise so manches einfach übersehen. So
wertvoll Adornos Anknüpfen an dialektisches Denken in
einem Jahrhundert des Kults eindimensionalen Wissen-
schaftsdenkens ist, so sehr es Skepsis gegen alle Urteile
bewahren hilft, die nicht im Zusammenhang mit einem
größeren Ganzen gefällt werden, so gefahrvoll ist es auch,
weil das System, in dem man sich bewegt und wahre Kunst-
stücke der Balance vollführen kann, im Grunde schon durch
die Anzahl von Begriffen und Denkkategorien vorgegeben ist.
Wenn Adornos Ästhetik trotzdem so anregend wirkt, so
wohl vor allem deshalb, weil er es versteht, die Künste,
Kunstphänomene und ästhetischen Begriffe immer wieder
auf den gesellschaftlichen Zustand zu beziehen, ohne das
spezifisch Künstlerische aus den Augen zu verlieren.

V. Das Kunstwerk als autonomes Gebilde

Kunst ist für Adorno ein autonomer Bereich. Daran darf sich auch nichts ändern, denn nur auf diese Weise sei es möglich, daß die Idee der Freiheit erhalten bleibt.

Die Kunstwerke drohen allerdings zu Waren und somit zu festen Bestandteilen der Unfreiheit zu werden. Ein Kennzeichen der Ware ist nach Adorno das Immergleiche, das stets als etwas ganz Neues angepriesen werden muß, damit sie Käufer findet. Kunst kann sich vor der Gefahr, Ware zu werden, nur retten, wenn sie um Autonomie und Originalität bemüht ist. Originalität hat, schreibt Adorno, „mit ansteigender Autonomie der Kunst, wider den Markt sich gekehrt, auf dem sie einen Schwellenwert nie überschreiten durfte. Sie hat sich in die Werke zurückgezogen, in die Rücksichtslosigkeit ihrer Durchbildung" (7, 257 f.). Einmaligkeit, Unwiederholbarkeit setzt das Werk in Gegensatz zur Ware. Die Originalität sei aber nicht mehr durch einen „sogenannten Individualstil" zu erreichen, sondern nur durch eine strenge innere Durchformung und Abrenzung gegen Äußeres. Beide Momente bedingen einander: „Die Idee der Freiheit, ästhetischer Autonomie verschwistert, hat an Herrschaft sich geformt, die sie verallgemeinerte. So auch die Kunstwerke. Je freier von auswendigen Zwecken sie sich machten, desto vollständiger bestimmten sie sich als ihrerseits herrschaftlich organisierte" (7, 34). Zugespitzt formuliert, der äußeren Herrschaft setzen die Kunstwerke eine innere gegenüber. Adorno macht hieraus direkt ein Dogma. Er verfällt zwar nicht klassizistischen Ansichten, aber aus einer Reihe von Formulierungen ließe sich ein Begriff abziehen, der die Stelle des Begriffs der Harmonie einnehmen könnte: nämlich der der inneren Durchformung. „Daß das Kunstwerk Resultante sei", notierte Adorno in den *Paralipomena*,

„hat das Moment, das in ihm nichts Totes, Unverarbeitetes, Ungeformtes zurückbleibt, und die Empfindlichkeit dagegen ist ebenso ein entscheidendes Moment jeglicher Kritik. . ." (7, 436). Zwar erkennt Adorno auch das „Krude" an, aber nur wenn darin das „Postulat der Durchbildung" reflektiert ist. Viele moderne Kunstrichtungen drohen bei einer solchen Sicht zu entfallen, es sei denn, man interpretiert alles dialektisch, so wie es Adorno liebt, und behauptet, dieses oder jenes Element verweise auf seinen Gegensatz, stünde im Gegensatz zu dem Auswendigen, enthalte auch das Andere in sich usw.

Die „innere Durchformung" der Kunstwerke gewährleistet ihre Autonomie. Sie können nur begriffen werden, wenn man ihre Eigengesetzlichkeit, ihre Besonderheiten herausfindet, wenn man eine ihr entsprechende Verstehensweise entwickelt, die im allgemeinen mit dem Wort Kunstverständnis bezeichnet wird.

Kunst verliert ihre Autonomie, wenn sie als Genuß erfahren wird. Im Genuß manifestiert sich eine Haltung des Besitzenwollens, d. h. die, die man Waren gegenüber einnimmt. Der Künstler, der natürlich mit einer solchen Haltung rechnen muß, wird alles tun, um den Leser, Betrachter oder Hörer zu einer völligen Vertiefung in das Werk und einem Sich-Vergessen zu zwingen. Er wird auch durch Schocks, Darstellung des Häßlichen, Vergeistigung, Reinheit der Form den allfälligen Genuß zu stören versuchen. Die Folge ist der Einzug der Grausamkeit in die moderne Kunst. Formen selber ist ja schon ein Akt der Gewalt am Stoff. „In den Formen wird Grausamkeit zur Imagination: aus einem Lebendigen, dem Leib der Sprache, den Tönen, der sichtbaren Erfahrung etwas herausschneiden. Je reiner die Form, je höher die Autonomie der Werke, desto grausamer sind sie" (7, 80). Adorno bewegt sich hier auf den Spuren Nietzsches[1], der schon sehr klar das Moment des Zwanges beim Formen hervorgehoben hat: „Die moderne

---

[1]   vgl. Hierzu auch Martin Zenck, a.a.O., S. 116

Kunst als eine Kunst zu tyrannisieren. — Eine grobe und stark herausgetriebene Logik des Lineaments; das Motiv vereinfacht bis zur Formel: die Formel tyrannisiert ... die Brutalität der Farben, des Stoffes, der Begierden . . . Also Logik, Masse und Brutalität"[2].

Adorno weiß, daß Autonomie der Kunst und Kritik an der Gesellschaft einander widerstreiten. Zwar finden wir bei ihm Sätze, wonach die Kunst „durch nichts anderes als ihre Gestalt dem Weltlauf" widersteht, „der den Menschen immerzu die Pistole auf die Brust setzt"[3], Sätze von der Art, daß Kunstwerke durch „rücksichtslose Autonomie" unwillkürlich die Gesellschaft angreifen[4], aber diesen zugespitzten Formulierungen lassen sich auch andere entgegenhalten, aus denen hervorgeht, daß der Kunst gerade durch die Autonomie die Gefahr drohe, ihre gesellschaftskritische Spitze zu verlieren. „Läßt sie (die Kunst) von ihrer Autonomie nach, so verschreibt sie sich dem Betrieb der bestehenden Gesellschaft; bleibt sie strikt für sich, so läßt sie als harmlose Sparte unter anderen nicht minder gut sich integrieren" (7, 352 f.). Der Kunst bleibt nur wenig, wenn sie diesem Widerspruch nicht anheimfallen will. „Die Doppelschlächtigkeit der Kunstwerke als autonomer Gebilde und gesellschaftlicher Phänomene läßt leicht die Kriterien oszillieren: autonome Werke reizen zum Verdikt des gesellschaftlich Gleichgültigen, schließlich des frevlerisch Reaktionären; umgekehrt, solche, die gesellschaftlich eindeutig, diskursiv urteilen, negieren dadurch die Kunst und mit ihr sich selbst. Immanente Kritik dürfte diese Alternative bre-

---

[2] Friedrich Nietzsche, *Der Wille zur Macht*, No. 827. In der *Ästhetischen Theorie* schreibt Adorno: „Wie die Gewalt des Mythos auf dessen olympischer Stufe vom Amorphen übergegangen war an die Einheit, welche das Viele und die Vielen sich unterwirft und sein Zerstörendes behält, so haben dann die großen Kunstwerke das Zerstörende behalten in der Autorität des Gelingens, als zerschmetternde" (7, 81).

[3] *Noten zur Literatur III*, a.a.O. S. 114

[4] ebenda S. 128

chen" (7, 368)[5]. Als einen Hauptvertreter der sich immanenter Kritik bedienenden Kunst erkennt Adorno Beckett
an: „Wie die kontradiktorischen Desiderate ohne die schlechte Mitte zwischen vermeintlich guter Gestaltung und ange-
messenem sozialen Inhalt sich wechselfältig zu durchdringen
vermögen, ist an Becketts Dramatik zu entnehmen" (7,
370). An anderer Stelle erklärt Adorno, daß die Möglichkeiten zu einer „autonomen Kunst" nur noch gering seien.
Genutzt habe sie Beckett. „Der Raum, der den Kunstwerken zwischen diskursiver Barbarei und poetischer Beschöni-
gung bleibt, ist kaum größer als der Indifferenzpunkt, in
den Beckett sich eingewühlt hat" (7, 55).

Unter immanenter Krtik in der Kunst versteht Adorno
„Demontagen des Scheins", wodurch die Kunst „von innen
her" gesprengt wird, was zur Folge hat, daß der Rezipient
das Kunstwerk nicht mehr als harmonisches Gebilde erfahren kann. Die Welt des Kunstwerks ist eine zerrüttete so
wie die wirkliche Welt. Die Kritik am schönen Schein im
Kunstwerk bewirkt zugleich, daß der Rezipient die Zerrüttung der wirklichen Welt erkennt oder erahnt. „Wen einmal Kafkas Räder überfuhren, dem ist der Friede mit der
Welt ebenso verloren wie die Möglichkeit, bei dem Urteil
sich zu bescheiden, der Weltlauf sei schlecht: das bestätigende Moment ist weggeätzt, das der resignierten Feststellung
von der Übermacht des Bösen innewohnt"[6]. Es bleiben ihm
lediglich Unruhe und Zweifel.

Alle Formen nichtautonomer Kunst führen nach Adorno
zu einer Liquidation des sei es produzierenden, sei es re-
produzierenden Subjekts. Avantgardistische Manifestationen
fassen sich als „radikale Negation der Kategorie der indi-

---

[5]   vgl. auch 7, 335: „Freilich bietet durch ihre Absage an die Gesellschaft, die der Sublimierung durchs Formgesetz gleichkommt,
autonome Kunst ebenso als Vehikel der Ideologie sich an: in der
Distanz läßt sie die Gesellschaft, von der ihr schaudert, auch unbe-
helligt".

[6]   *Noten zur Literatur III*, a.a.O., S. 130

viduellen Produktion" auf[7]. Revolutionäre Kunst, wie sie
sich z. B. sowjetische Avantgardisten vorstellten, erwartet
sowohl kollektive Hervorbringung wie auch massenhaft aktive Aufnahme. Einen Gegensatz hierzu stellt moderne
Unterhaltungskunst dar, die fabrikartig produziert und wie
eine Ware konsumiert wird. Alles Subjektive wird nivelliert,
der Einzelne muß sich einem allgemeinen Zwang unterwerfen. Ihm wird kein Raum zur Reflexion und Entfaltung
seiner schöpferischen Kräfte mehr gelassen.

Von den verschiedenen Formen und Wegen nichtautonomer Kunst ist die revolutionäre die verlockendste, da ihr
die Vision einer befreiten Menschheit zugrundeliegt. Kunst
ist nicht mehr Zuflucht und Ort der Hoffnung, sondern sie
trägt selber zur Veränderung der Gesellschaft bei, indem sie
den Einzelnen veranlaßt, aktiv zu sein. Adorno hat sich für
diese Art von Kunst nie ernsthaft interessiert. Im Gegensatz zu Benjamin beschäftigte ihn der sowjetische Avantgardismus der zwanziger Jahre so gut wie gar nicht. Er
hielt an der individualistischen Tradition des europäischen
Bürgertums fest, noch dazu, da er sich historiosophisch im
Recht fühlte: die Menschheit strebt immer mehr auf die
gänzlich „verwaltete Welt" zu. Autonome Kunst ist daher
einer der wenigen Orte, wo Subjektivität sich noch entfalten kann. Das trifft sowohl auf den Produzenten wie auch
den Konsumenten zu. Autonome Kunst nimmt durch ihre
komplizierte Organisation, ihre „innere Durchformung"
den ganzen Menschen in Anspruch. Sie verlangt vom Kunst-
rezipienten fast Unmögliches: es dem Künstler gleichzutun.
Er soll das Werk in all seinen Feinheiten als ein Ringen mit
den Fragen, die die Kunstentwicklung gestellt hat, begreifen. Er soll eine Höhe der Bewußtheit erreichen, die vielleicht selbst der Künstler nicht erlangte, da er ja zumeist unbewußt schafft. Der Rezipient soll dem Kritiker nacheifern,
der es versteht, die künstlerischen Probleme, welche sich aus

---

[7]   ich benutze hier eine Formulierung Peter Bürgers aus seiner *Theorie der Avantgarde*, Frankfurt am Main 1974, S. 70

dem jeweiligen Werk ergeben, zu artikulieren. Eine solch aktive Kunstrezeption wäre nur von Menschen zu erwarten, die selber künstlerisch tätig sind und denen Reflexion über Kunst ein Bedürfnis ist. In der bürgerlichen Gesellschaft sind diese Menschen in der Elite zu suchen. In einer befreiten würden sich Kunst und Gesellschaft nicht mehr ausschließen. Nach Adorno würde Kunst überflüssig werden, ohne Leiden kann er sie sich nicht vorstellen.

VI. Innere Durchformung und Detail

Eine Theorie der inneren Durchformung des Kunstwerks hat
Adorno in seiner *Philosophie der neuen Musik* entwickelt.
Er operiert dort mit solchen Begriffen wie „Durchorganisation der Elemente", „rationale Durchorganisation" oder
„totale Durchführung". Mit der zunehmenden Entwicklung
einzelner Materialbereiche setze sich die „Idee einer rationalen Durchorganisation des gesamten musikalischen Materials" durch. Sie habe „schon am Wagnerischen Gesamt-
kunstwerk" teilgehabt, verwirklicht werde sie von Schönberg[1]. Ein wichtiges Zwischenstadium habe Brahms dargestellt. Bei ihm „verschränken sich Subjektivierung und Ob-
jektivierung. . . Innerhalb der Tonalität stößt er weitgehend
die konventionellen Formeln und Rudimente ab und produziert die Einheit des Werkes gleichsam in jedem Augenblick neu, aus Freiheit. Damit ist er indessen zugleich der
Ansicht der allseitigen Ökonomie, die alle zufälligen Momente der Musik verwirft und noch die äußerste Mannig-
faltigkeit, ja gerade diese, aus identisch festgehaltenen Materialien entwickelt. Es gibt nichts Unthematisches mehr,
nichts, was nicht als Ableitung eines Identischen, wie sehr
auch immer Latenten, zu verstehen wäre"[2]. Man glaubt,
Adorno spreche hier bereits über Schönberg, von dessen
Musik er zwei Seiten weiter sagt, daß in ihr „jeder einzelne Ton durchsichtig durch die Konstruktion des Ganzen de-
terminiert" sei und damit „der Unterschied von Essenti-
ellem" verschwinde. „In allen ihren Momenten ist eine
solche Musik gleich nahe zum Mittelpunkt. Damit verlieren
die Formkonventionen, welche einmal Nähe und Ferne vom

---

[1] *Philosophie der neuen Musik*, a.a.O. S. 52
[2] ebd. S. 55

Mittelpunkt geregelt hatten, ihren Sinn. Es gibt keinen unwesentlichen Übergang mehr zwischen den wesentlichen Momenten, den ,Themen'; folgerecht überhaupt keine Themen und in strengem Sinn auch keine ,Entwicklung'"[3]. Musik schlägt auf diese Weise in Kunst um, der jegliche Dynamik fremd geworden ist, was Adornos Auffassung vom heutigen Zustand der Welt entspricht, die „Geschichte nicht mehr kennt"[4].

Die Idee der „totalen Durchformung" ist außerhalb der Zwölftonmusik nur schwer anwendbar. Es gibt ja in der Malerei und Literatur kein Komponieren mit einem so einheitlichen Material wie den Tönen. Adorno hat diesen Unterschied nicht reflektiert. In der *Ästhetischen Theorie* heißt es: „Nicht wegzudenken ist von Rang oder Qualität eines Kunstwerks das Maß seiner Artikulation. Generell dürften Kunstwerke desto mehr taugen, je artikulierter sie sind: wo nichts Totes, nichts Ungeformtes übrig ist; kein Feld, das nicht durch die Gestaltung hindurchgegangen wäre" (7, 284).

Wenn es zu einem „entscheidenden Moment jeglicher Kritik" wird, zu beachten, ob im Kunstwerk „nichts Totes, Unverarbeitetes, Ungeformtes zurückbleibt", muß sie gerade dem Detail und seiner Funktion im Ganzen größte Aufmerksamkeit schenken. Adorno tut das auch in einem Maße, daß Helmut Heißenbüttel zugespitzt äußerte, die Kunstsoziologie puste „die Detailanalyse zu großartigen Bezügen" auf, „deren Verbindlichkeit nur der allgemeinste Gebrauch des Begriffs der Dialektik decken" könne[5].

Adorno geht in seiner Interpretation des Details im Kunstwerk unter anderem von den „schönen Stellen" aus. Wer für diese kein Organ habe, sei „dem Kunstwerk so fremd wie der zur Erfahrung von Einheit Unfähige". Diese

---

[3] ebd. S. 57

[4] ebd. S. 58

[5] Helmut Heißenbüttel, *Zur Tradition der Moderne. Aufsätze und Anmerkungen 1964–1971*, Neuwied und Berlin 1972, S. 299

Details empfangen jedoch „ihre Leuchtkraft nur vermöge des Ganzen. Manche Takte Beethovens klingen wie der Satz aus den Wahlverwandtschaften ‚Wie ein Stern fuhr die Hoffnung vom Himmel hernieder‘; so im langsamen Satz der d-moll-Sonate op. 31,2. Man muß lediglich die Stelle im Zusammenhang des Satzes spielen und dann allein, um zu hören, wie sehr sie ihr Inkommensurables, das Gefüge Überstrahlende, dem Gefüge verdankt. Zum Ungeheuren wird sie, indem ihr Ausdruck über das Vorhergehende durch die Konzentration einer gesanglichen, in sich vermenschlichten Melodie sich erhebt. Sie individuiert sich in Relation zur Totalität, durch diese hindurch; ihr Produkt so gut wie ihre Suspension“ (7, 280)[6].

Den Details schenkte Adorno auch deswegen eine so große Aufmerksamkeit, weil er meinte, daß sich in ihnen einerseits Gesellschaftliches niederschlage, sie anderseits als Besonderungen „das perpetuierte Unrecht der Gesellschaft an den Einzelnen“ wieder gut machten (7, 451).

In der konkreten Analyse wirken Adornos Detail-Interpretationen zumeist willkürlich. Er legt in sie zuviel hinein, was die Kritiker immer wieder irritiert[7], zumal Adorno oft vergißt, die Brücke zum Ganzen zu schlagen. Bei seinen Bemerkungen über Musikstücke liebt er es darüber hinaus, jene Stellen gesellschaftlich auszulegen, die eine Vertonung literarischer Motive darstellen.

Da Adorno immer die Zwölftonmusik im Auge hat, ist er sich natürlich bewußt, daß es heute im Grunde genommen schwer ist, überhaupt noch vom Detail zu sprechen. Er berührt dieses Problem unter anderem in den „Paralipomena“ zur *Ästhetischen Theorie,* wo er das Detail mit dem Einfall in Zusammenhang bringt. „Eigentlich gewährt der Kon-

---

6   Zum Begriff der Suspension vgl. M. Zenck, a.a.O. S. 138 ff.
7   als Beispiele seien nur Heißenbüttel und der polnische Musikkritiker Bohdan Pociej (siehe seine Rezension der polnischen Übersetzung der *Philosophie der neuen Musik* in *Tygodnik Powszechny,* Kraków, 22.9.1974) genannt.

struktivismus dem Einfall, einem planlos Unwillkürlichen, keinen Ort mehr. Schönbergs Einfälle, die, wie er bestätigte, auch seinen Zwölftonarbeiten zugrunde lagen, verdanken sich nur den Grenzen, an welche sein Konstruktionsverfahren sich hielt, und die ihm als inkonsequent aufgerechnet werden konnten" (7, 450 f.). Den Einfall dürfe man nicht, wenn er auch der allgemeinen Kunstabsicht widerspreche, völlig kassieren, denn sonst würde Kunst zu etwas Programmiertem, durch und durch Rationalem werden, das Einzelne sein Existenzrecht verlieren. Allerdings kann er auch nicht gänzlich beziehungslos zum Ganzen, der inneren Durchformung stehen.

VII. Ästhetische Erfahrung

Ein durchgeformtes Kunstwerk stellt an den Rezipierenden höchste Anforderungen. Es reicht nicht, daß er das Werk einfach erlebt. Er würde im Bestfalle ein Teilmoment des Werks erfassen und nicht einmal „das entscheidende" (7, 362). Bei Kunstwerken haben wir es immer mit einem Wechselspiel „des konstruktiven und des mimetisch-expressiven Elements" (7, 363) zu tun, wie Adorno in der *Ästhetischen Theorie* betont. Sie können also nur adäquat erfahren werden, wenn der Rezipient sich dieses Wechselspiels bewußt wird. Ästhetische Erfahrung durch und über das Erleben würde ferner bedeuten, daß der Rezipient seine Gefühle auf die im Werk enthaltenen oder angeblich vom Autor ausgedrückten überträgt, was nichts mit ästhetischer Erfahrung im echten Sinne des Wortes zu tun hat, denn diese beruht gerade auf der Einsetzung des ganzen Bewußtseins, derart, daß der Rezipierende „sich vergißt und im Werk verschwindet" (7, 363). Adorno spricht auch von einer „Selbstnegation des Betrachters, der im Werk virtuell erlischt" (7, 396). Dieser verfällt in ein „Staunen vorm Angeschauten", indem er vom „Unbegrifflichen und gleichwohl Bestimmten" überwältigt wird. Adorno hat hier einen Odysseus vor Augen, der sich von den Syrenen, d. h. dem Mythischen, Naturhaften überwältigen läßt, der bereit ist, sein „Selbst zu verlieren"[1], der sich der Natur unterwirft, also wieder Freiheit erlangt. Natürlich weiß Adorno, daß das Ich letztenendes wieder über jene Lockungen der Selbstauflösung siegt, doch wenigstens für kurze Zeit erfährt es die Freiheit vom Zwang zur Naturbeherrschung und damit auch der Herrschaft über das eigene Selbst.

---

[1] M. Horkheimer, Th. W. Adorno, *Dialektik der Aufklärung*, Frankfurt/Main 1971, S. 33

Adorno knüpft in seinen Gedankengängen an Kants Erörterungen über das Erhabene an. Für Kants Relation Subjekt/Natur steht bei Adorno die Relation Subjekt/Kunstwerk. Bei Kant erfährt das Subjekt die Natur in ihrer Gewaltigkeit mit Furcht, indem es sich zugleich seiner eigenen Nichtigkeit bewußt wird. „Kühne überhangende gleichsam drohende Felsen", heißt es in der *Kritik der Urteilskraft* (eine Stelle, die auch von Adorno in der „Frühen Einleitung" zitiert wird), „am Himmel sich auftürmende Donnerwolken, mit Blitzen und Krachen einherziehend, Vulkane in ihrer ganzen zerstörenden Gewalt, Orkane mit ihrer zurückgelassenen Verwüstung, der grenzenlose Ozean in Empörung gesetzt, ein hoher Wasserfall eines mächtigen Flusses u. dgl. machen unser Vermögen zu widerstehen, in Vergleichung mit ihrer Macht, zur unbedeutenden Kleinigkeit"[2]. Adorno übergeht auch nicht die weiteren Bemerkungen Kants, wo dieser ausführt, daß der Anblick jener mächtigen Erscheinungen umso anziehender wirkt, „je furchtbarer er ist, wenn wir uns nur in Sicherheit befinden; und wir nennen diese Gegenstände gern erhaben, weil sie die Seelenstärke über ihr gewöhnliches Mittelmaß erhöhen, und ein Vermögen zu widerstehen von ganz anderer Art in uns entdekken lassen, welches uns Mut macht, uns mit der scheinbaren Allgewalt der Natur messen zu können. Denn, so wie wir zwar an der Unermeßlichkeit der Natur und der Unzulänglichkeit unseres Vermögens einen der ästhetischen Größenschätzung ihres Gebiets proportionierten Maßstab zu nehmen, unsere eigene Einschränkung, gleichwohl aber doch auch an unserem Vernunftvermögen zugleich einen andern nicht-sinnlichen Maßstab, welcher jene Unendlichkeit selbst als Einheit unter sich hat, gegen den alles in der Natur klein ist, mithin in unserm Gemüte eine Überlegenheit über die Natur selbst in ihrer Unermeßlichkeit fanden: so gibt auch die Unwiderstehlichkeit ihrer Macht uns, als Naturwesen betrachtet, zwar unsere Ohnmacht zu erkennen,

---

[2] *Kritik und Urteilskraft* A, 102 f.

aber entdeckt zugleich ein Vermögen, uns als von ihr unabhängig zu beurteilen, und eine Überlegenheit über die Natur,
worauf sich eine Selbsterhaltung von ganz andrer Art grün-
det, als diejenige ist die von der Natur außer uns angefoch-
ten und in Gefahr gebracht werden kann, wobei die Menschheit in unserer Person unerniedrigt bleibt, obgleich der
Mensch jener Gewalt unterliegen müßte"[3]. Adorno kritisiert an dieser Ansicht die Zufriedenheit, daß das Ich über
das Andere, Nichtidentische einen Sieg davongetragen hat
und immer wieder davonträgt, die Verlegung des Wider-
parts in das „intelligible Subjekt" (7, 396).

Die Kunst kann allerdings nicht gänzlich in Selbstverges-
senheit, dem Gefühl der Nichtigkeit, der Hingabe an das
Fremde, Andere erfahren werden. „Wird sie strikt ästhetisch
wahrgenommen, so wird sie ästhetisch nicht recht wahrgenommen", schreibt Adorno beispielsweise auf einer der
ersten Seiten seiner *Ästhetischen Theorie*. Der Rezipient
muß auch das der Kunst Auswendige mitfühlen. Dazu ist
er nur imstande, wenn er selber über große Erfahrungen
verfügt. Wir werden hier an den Gedanken von Dilthey erinnert, daß wir ein Kunstwerk nur dann nachempfinden
können, wenn wir über einen reichen erworbenen Zusammenhang des Seelenlebens verfügen, wenn unser Er-
fahrungshorizont ein umfassender ist[4]. Bei Adorno klingt

---

[3] ebenda A, 103 f.

[4] Dilthey schreibt beispielsweise in seinem Aufsatz „Die drei Epochen
der modernen Ästhetik und ihre heutige Aufgabe" (1892): „Je
reicher, normaler und tiefer nun dieser erworbene Zusammenhang des Seelenlebens ist, je vollständiger er zu den
Bildern in Beziehung tritt und diese gleichsam erfüllt und sättigt:
um so mehr gestaltet sich das künstlerische Gebilde zu einer Reprä-
sentation der Wirklichkeit in deren wahren Bedeutung" (*Gesammelte Schriften*, Bd. VI, Göttingen 1962, S. 278). Vgl. zu diesem
Problemkomplex auch die entsprechenden Stellen in Karol Sauerland, *Diltheys Erlebnisbegriff. Entstehung, Glanzzeit und Verkümmerung eines literaturhistorischen Begriffs*, Berlin, New York
1972

dieser Gedankengang ähnlich: „Kunstwerke lassen desto wahrhaftiger sich erfahren, je mehr ihre geschichtliche Substanz die des Erfahrenden ist" (7, 272). Die Ähnlichkeit ist aber nur eine scheinbare, denn der Unterschied zwischen beiden beruht darauf, daß Dilthey Lebenserfahrungen überhaupt meint, zu denen er die geschichtlichen im Allgemeinen hinzurechnet, während Adorno die Erfahrungen der Zeit, in der der Rezipient lebt, im Sinn hat. Für Dilthey gibt es im Wesen nicht das Problem der Grenzen der Erfahrbarkeit eines Kunstwerks durch den historischen Abstand, den es von dem Rezipienten trennt; für Adorno ist dies dagegen ein zentrales Problem. Seiner Meinung nach sind zahlreiche „Kunstwerke der Vergangenheit, darunter hochberühmte, . . . unmittelbar nicht mehr zu erfahren" (7, 518). Die einzige Hoffnung, das Vergangene zu erfassen, sei, von der Moderne auszugehen, nur auf diese Weise bestehe die Möglichkeit, das „ganze Bewußtsein" zu mobilisieren, die „volle Erfahrung" einzusetzen. Ein zweiter Schritt wäre dann, die Abwandlung unserer heutigen Kategorien durch deren Konfrontation mit den Vorstellungen der gegebenen Zeit. Es ist aber schwer auszumachen, ob Adorno an die Wirksamkeit eines solchen Verfahrens glaubt, ob er es nicht als ein historisches abtun würde.

Der Rezipient wird das Werk erst dann tatsächlich erfahren, wenn er sich ihm anpaßt, es noch einmal in seiner Produktion nachvollzieht, was im Grunde genommen bedeutet, daß er selber virtuell die Stelle des Künstlers einnimmt. Er müßte also sowohl Expert wie auch Nachbildner sein. Ein elitäreres Ideal kann man sich nicht vorstellen. Und obwohl Adorno auch Kunstempfänger anderer Art gelten läßt, wie wir aus seiner *Einleitung in die Musiksoziologie* wissen[5], hängt er doch letztenendes diesem Ideal nach, was auch darin zum Ausdruck kommt, daß er beispielsweise die Lektüre der Noten eines musikalischen Werks oder die eines Dramas höher veranschlägt als die Interpretation durch den

---

[5] *Einleitung in die Musiksoziologie. Zwölf theoretische Vorlesungen,* Reinbek 1968, S. 30

Ausführenden oder die Aufführung des Stücks[6]. Kurt
Oppens Bemerkung, Adornos Philosophie der Musik sei eher
eine des Komponierens als der Musik, könnte man auf seine
ganze Ästhetik übertragen[7], wenn man das Komponieren
oder allgemeiner künstlerische Schaffen nicht nur als einen
„technischen Akt" versteht, sondern als eine schöpferische
Leistung, in der sich auch die jeweilig gesellschaftlichen und
weltanschaulichen Probleme brechen.

Bei allen Vorbehalten einer solchen Theorie der ästhetischen Erfahrung gegenüber würde ich Hans Robert Jauss
nicht zustimmen, wenn er in seiner Abhandlung *Negativität
und Identifikation. Versuch zur Theorie der ästhetischen Erfahrung* Adorno entgegenhält, man müsse zwei Schichten
unterscheiden: die vorreflexive und reflexive. Bei der
ersten findet eine „emotionelle Identifikation mit Personen
der Handlung oder einer dargestellten Situation"[8] statt. Die
Identifikation sei die Voraussetzung zur Urteilsfällung des
Betrachters, zu seiner reflektiven Haltung. Jauss unter-
schätzt m. E. die zunehmende Kennerschaft der Hörer und
Zuschauer. Bei seiner zweifellos lobenswerten Absicht, der
Diskriminierung des naiven Kunstkonsumenten entgegenzu-
treten und die Fragwürdigkeit der antikommunikativen
Kunsttheorien zu unterstreichen, nimmt er von seiner
früheren Sympathie für avantgardistische Kunst mehr zurück
als nötig, was deutlich in dem Absatz über die „ironische
Identifikation" zum Ausdruck kommt. Zu Recht verweist
Marianne Kesting auf die zunehmende „Gemeinsamkeit
zwischen Autor und Leser" bei gleichzeitigem „Abbruch
der intimeren Beziehungen zur Öffentlichkeit"[9]. Auch wird

---

[6] vgl. z. B. 7, 190

[7] Kurt Oppens, „Zu den musikalischen Schriften Theodor W. Adornos" in: *Über Theodor W. Adorno*, Frankfurt am Main 1968, S. 18

[8] Hans Robert Jauss, „Negativität und Identifikation. Versuch zur
Theorie der ästhetischen Erfahrung" in: *Positionen der Negativität, Poetik und Hermeneutik VI*, München 1975, S. 302

[9] ebenda S. 542, siehe auch die Diskussionsbeiträge von H. Weinrich,
S. J. Schmidt, D. Wellershoff und D. Henrich.

man bei der Rezeption der Musik und modernen Malerei
mit dem Begriff der Identifikation nur wenig anfangen
können. Mit ihm kann man dagegen sehr gut die Einstellung
des Hörers von Epen, des Lesers von Romanen des vorigen
Jahrhunderts[10] und des Zuschauers in älteren Zeiten beschreiben. Nur wäre zu fragen, ob man eine Rezeption überhaupt als eine ästhetische bezeichnen kann, wenn der Kunstempfänger nicht zugleich die formal-künstlerischen Lösungen wahrnimmt. Jauss hat diese Art der Wahrnehmung in
den Kapiteln über Poiesis und Aisthesis behandelt, er scheint
ihnen jedoch keine „kommunikative Leistung" zuzutrauen.
Sie komme erst den bestimmten Formen der Katharsis zu.
Adornos Begriff der Versenkung passe dort nicht hin, da
man sich im allgemeinen einen kontemplativ eingestellten Rezipienten, der sich selbst vergißt, nur einsam vorstellen kann.
Aber genauso wie sich schweigende Zuschauer eines Schach-
spiels der Großmeister nicht vereinzelt zu fühlen brauchen,
braucht es auch der kennerisch wahrnehmende Musikhörer
nicht. Die Kommunikation erfolgt eben erst nach der Wahrnehmung. Das Wesen großer Kunstwerke beruht gerade
darauf, eine große kommunikative Kraft auszustrahlen, es
sei denn, wir haben es mit einer Gesellschaft zu tun, die absolut kunstfeindlich eingestellt ist. Der ganze Fragenkom-
plex der einsamen und kollektiven Rezeption müßte neu
durchdacht werden. Es gibt auch Kommunikationsgemein-
schaften, für die Kunst nicht Flucht in die eigene Subjektivität, sondern die Möglichkeit einer vertieften Verständigung
miteinander bedeutet. Diese Probleme überschreiten allerdings den Rahmen der vorliegenden Arbeit[11].

---

[10] Dilthey führt in seinen poetologischen Schriften immer wieder Beispiele an, wie sich die Romanautoren mit ihren Helden identifi-
zieren. Diese Beispiele, die er „bestätigende Selbstzeugnisse"
nennt, dienen ihm als empirische Grundlage seiner Erlebnistheorie
(siehe auch mein Diltheybuch, a.a.O. S. 100 f.)

[11] Das neue Buch *Ästhetische Erfahrung und literarische Hermeneutik 1* von H. R. Jauss (UTB 692) habe ich leider erst nach der
Fahnenkorrektur erhalten.

VIII. Momentane Befreiung vom Identitätszwang

Das Ich ist, wie Adorno und Horkheimer in der *Dialektik der Aufklärung* ausführen, im Laufe der Geschichte nach seiner Befreiung vom Mythos selber zu einem Mythos geworden. Mit der Festigung dieses Mythos, der auf einer Verabsolutierung des Identitätszwangs beruht, entfernt sich das Subjekt immer weiter von dem Zustand des erhofften Glücks, das erst dann eintreten könnte, wenn das Ich nicht mehr zwanghaft nach Identität streben würde. Damit soll nicht der Auflösung des eigenen Selbst das Wort gesprochen werden, was Adorno als etwas sehr Problematisches empfand, da die repressiven Kräfte es ja gerade auf eine Schwächung des Ich abgesehen haben. In der *Negativen Dialektik* lesen wir: „. . . kein Glück, als wo das Selbst nicht es selbst ist. Stürzt es, unter dem unmäßigen Druck, der auf ihm lastet, als schizophrenes zurück in den Zustand der Dissoziation und Vieldeutigkeit, dem geschichtlich das Subjekt sich entrang, so ist die Auflösung des Subjekts zugleich das ephemere und verurteilte Bild eines möglichen Subjekts"[1]. Zu seiner Befreiung müßte das Selbst aus eigener Kraft gelangen, denn nur so könnte es einen Zustand der wahren Freiheit herbeiführen. Doch bleibt dies alles der Sehnsucht vorbehalten.

Was die Geschichte nicht einzulösen vermag, leistet die Kunst, zumindest für Augenblicke, indem sie das schaffende und perzipierende Ich sich selbst vergessen läßt, es in einen Zustand des ursprünglichen Glücks versetzt. Es ist aber kein lustvolles Glück, sondern eher eine Erschütterung, in der sich das Ich „der eigenen Beschränktheit und Endlichkeit" (7, 364) bewußt wird. Das Ich verschwindet weder, noch

---

[1] *Negative Dialektik*, a.a.O. S. 275

verfällt es in einen — wenn auch kurzen — Rauschzustand.
Für Momente „wird das Ich real der Möglichkeit inne, seine
Selbsterhaltung unter sich zu lassen, ohne daß es doch dazu ausreichte, jene Möglichkeit zu realisieren" (7, 364).
Gegen eine solche Realisierung steht der derzeitige geschichtliche Zustand; einzig das Kunstwerk vermittelt eine
„subjektive Erfahrung wider das Ich" (7, 365) und damit
ein Stück seiner eigenen Wahrheit, die auf der Aufdeckung
der herrschenden Identitätsgesetze und der Weckung der
Sehnsucht nach ihrer Aufhebung beruht.

Zu einer gegen das Ich gerichteten Erfahrung ist allerdings kein „schwächliches Ich", der stete Addressat der Kulturindustrie, sondern nur ein starkes fähig, denn „damit es
nur ein Winziges über das Gefängnis hinausschaue, das es
selbst ist", bedarf es „nicht der Zerstreuung sondern der
äußersten Anspannung. . ." (7, 364). Nur von einem starken Ich[2] — das ein wenig an Nietzsches Übermenschen erinnert — ließe sich eine Befreiung vom Identitätszwang erwarten.

---

[2] Zur Ichstärke und Ichschwäche vgl. auch Manfred Clemenz, a.a.O.,
S. 182 f. Clemenz beruft sich dort auf den Aufsatz von Herrmann
Nunberg, „Ichstärke und Ichschwäche" in: *Internationale Zeit-
schrift für Psychoanalyse*, Bd. XXIV, 1939

IX. Dekonzentration und Entzauberung

Adorno beobachtete mit Sorge den Prozeß der Entzauberung oder Entkunstung der Kunst im Zeitalter der Massenmedien. Mit ihrer massenhaften Konsumierbarkeit verliere die Kunst ein Wesensmerkmal: ihre Rätselhaftigkeit. Sie weise damit nicht mehr über sich selber hinaus und gebe ihre Transzendenz auf, sie „sinkt unter ihren Begriff herab" und „wird entkunstet" (7, 122).

Adorno hat seine Einstellung zur Massenkunst deutlicher formuliert, als er sich mit Benjamins Idee der Verkümmerung der Aura und Entstehung einer neuen Kunst beschäftigen mußte, die dieser unter anderem in seinen Essays *Der Autor als Produzent, Das Kunstwerk im Zeitalter seiner technischen Reproduzierbarkeit, Eduard Fuchs, der Sammler und der Historiker* und *Über einige Motive bei Baudelaire* entwickelt hatte. Die dort geäußerten Gedanken riefen sehr schnell den lebhaften Widerspruch Adornos hervor. Er ist bereit, Benjamins Idee von der Verkümmerung der Aura als Entzauberung oder Entkunstung der Kunst zu akzeptieren, aber er wehrt sich energisch gegen die These, daß an die Stelle des Kultwerts der Ausstellungswert trete. Für ihn sind alle „massenproduzierte Werke" (7, 89) Ausdruck einer Regression der Kunst. Es scheint ihm absurd, sie positiv zu werten. Der Benjaminschen „Kollektivrezeption" setzt er die regressive Rezeption durch die Massen entgegen. Und das technisch reproduzierte Kunstwerk möchte er als Ware und Fetisch verstanden wissen. In seinem Brief vom 2. August 1935 hatte er Benjamin u. a. vorgeworfen, daß er den „fürs 19. Jahrhundert spezifischen Warencharakter, d. h. die industrielle Warenproduktion"[1] nicht genügend

---

[1] Walter Benjamin, *Briefe*, hsg. und mit Anmerkungen versehen von Gershom Scholem und Theodor W. Adorno, Frankfurt am Main 1966, Bd. II, S. 676

unterstrichen habe. Er findet, Benjamin habe sich zu stark von Brecht beeinflussen lassen und zu sehr am Gebrauchswert der massenreproduzierbaren Kunstwerke festgehalten. Diese seien vielmehr Entfremdetes, reine Waren, an denen „der Gebrauchswert abstirbt". Als Fremd-Gewordenes überstehen sie die Unmittelbarkeit. Sehr genau demonstriert Adorno seine Anschauungen vom „massenreproduzierbaren Kunstwerk" in seinem Essay *Über den Fetischcharakter in der Musik und die Regression des Hörens,* der 1938 in der *Zeitschrift für Sozialforschung* erschien und den er, wie er später zugab, als Antwort auf Benjamins Arbeit *Das Kunstwerk im Zeitalter seiner technischen Reproduzierbarkeit* verfaßt hatte[2]. In dem Essay erklärte Adorno, daß das „gesamte gegenwärtige Musikleben... von der Warenform beherrscht" wird, „die letzten vorkapitalistischen Rückstände sind beseitigt"[3]. Man erfreut sich nicht mehr an der ästhetischen Seite der Ware Kunst, dem Gebrauchswert, sondern am Tauschwert. Die Lust, ein notwendiger Bestandteil der Kunst, wird gänzlich auf den Tauschwert übertragen. „... recht eigentlich betet der Konsument das Geld an, das er selber für die Karte zum Toscaninikonzert ausgegeben hat. Buchstäblich hat er den Erfolg ‚gemacht', den er verdinglicht und als objektives Kriterium akzeptiert, ohne darin sich wiederzuerkennen. Aber ‚gemacht' hat er ihn nicht dadurch, daß ihm das Konzert gefiel, sondern dadurch, daß er die Karte kaufte"[4].

Noch deutlicher sei in der Massenkunst zu beobachten, daß sie ganz und gar vom Tauschwert bestimmt ist. Durch den Schein des Unmittelbaren ist sie konsumierbar, geht sie

---

[2] Im Vorwort zu seinem Buch *Dissonanzen. Musik in der verwalteten Welt* (Göttingen ⁵1972) erklärt er: „Zugleich wollte der ‚Fetischcharakter' seinerzeit auf Benjamins Arbeit ‚Das Kunstwerk im Zeitalter seiner technischen Reproduzierbarkeit' antworten..." (S. 6).

[3] *Zeitschrift für Sozialforschung,* a.a.O., Bd. VII, S. 330

[4] ebenda, S. 331

sofort jedem ein. Die Folge ist aber eine Beziehungslosigkeit zu den einzelnen Werken, die im Grunde genommen untereinander beliebig austauschbar sind. Sie sind nur noch Waren, deren Gleichförmigkeit notdürftig verdeckt wird. Diese würde sogleich zutagetreten, wenn der Konsument nicht schon auf bestimmte Verhaltensweisen eindressiert wäre. „Die Gleichheit des Angebotenen, das alle abnehmen müssen, maskiert sich in die Strenge des allgemein verbindlichen Stils... Das Sicheinfügen rationalisiert sich als Zucht, Feindschaft gegen Willkür und Anarchie: so gründlich wie die musikalischen Reize ist heute auch die musikalische Noetik verkommen und hat ihre Parodie an den stur ausgezählten Taktschlägen"[5]. Eine allgemeine Regression des Hörens tritt ein, die eine notwendige Bedingung des guten Funktionierens der „monopolistischen Produktion" ist. Zu dieser Regression tragen die technischen Mittel, d. h. die der Medien, besonders bei. Durch sie werden nämlich die Werke depraviert, was vor allem durch die stete Hervorhebung der effektvollen Teile des Werkes erfolgt. Das Werk ist als Ganzes nicht mehr erkennbar. Und mit der Zeit wollen die Hörenden auch gar nicht mehr das Ganze. „... sie hören atomistisch und dissoziieren das Gehörte, entwickeln aber eben an der Dissoziation gewisse Fähigkeiten, die in traditionell-ästhetischen Begriffen weniger zu fassen sind als in solchen von Fußballspielen und Chauffieren. Sie sind nicht kindlich, wie etwa eine Auffassung es erwarten möchte, die den neuen Hörtyp in Zusammenhang bringt mit der Einbeziehung ehedem musikfremder Massen in das Musikleben vermöge der Mittel technischer Reproduktion. Sondern sie sind infantil: ihre Primitivität ist nicht die des Unentwickelten, sondern des zwanghaft Zurückgestauten. Sie offenbaren, wann immer es ihnen erlaubt wird, den verkniffenen Hass dessen, der eigentlich das andere ahnt, aber es sich verbieten

---

[5] ebenda, S. 333

muss, um ungeschoren leben zu können, und der darum am liebsten die mahnende Möglichkeit ausrotten möchte"[6].

Adorno spricht von einer Haltung der Dekonzentration. Die Hörer können die Unterhaltungsmusik anders gar nicht mehr aufnehmen, da deren Genormtheit sie bei genauem Hören zu einer Art Wahnsinn führen würde. Die Folge ist, daß sie dann auch bei klassischer Musik zu konzentriertem Hören nicht mehr fähig sind.

Adorno hat den Begriff der Dekonzentration dem Benjaminschen des „Zustandes der Zerstreuung" entgegengesetzt. Um Benjamin jedoch nicht direkt angreifen zu müssen, erklärt er, diese Haltung habe eine andere Funktion in der Musik und eine andere im Film. „Benjamins Hinweis auf die Apperzeption des Films im Zustand der Zerstreuung gilt ebensowohl für die leichte Musik. Jazz (gemeint ist der Jazz der dreißiger Jahre – K. S.) etwa kann seine Funktion bloss ausüben, weil er nicht im Modus der Attentionalität aufgefasst wird, sondern während des Gesprächs und vor allem als Begleitung zum Tanz. Man wird denn auch immer wieder dem Urteil begegnen, zum Tanzen sei Jazz höchst angenehm, zum Hören abscheulich. Wenn aber der Film als Ganzes der dekonzentrierten Auffassungsweise entgegenzukommen scheint, dann macht das dekonzentrierte Hören die Auffassung eines Ganzen unmöglich"[7]. Aus dem Verb „scheint" ist bereits ein leiser Zweifel Adornos an Benjamins Auffassung herauszuhören. Einige Seiten später ist dieser Zweifel noch stärker zu spüren: „Man könnte versucht sein, das regressive Hören zu retten, so als ob es eines wäre, in welchem der ‚auratische' Charakter des Kunstwerks, die Elemente seines Scheins, zugunsten des spielerischen zurücktreten. Wie immer es damit beim Film sich verhalte, die heutige Massenmusik zeigt wenig von solchem Fortschritt in der Entzauberung. Nichts überlebt in ihr standhafter als der Schein; nichts ist scheinhafter als ihre Sach-

---

[6] ebenda, S. 339
[7] ebenda, S. 342 f.

lichkeit. Das infantile Spiel hat mit dem produktiven der Kinder kaum mehr als den Namen gemein. Nicht umsonst möchte der bürgerliche Sport vom Spiel so strikt sich geschieden wissen. Sein kindischer Ernst besteht darin, dass man, anstatt in der Distanzierung von den Zwecken dem Traum der Freiheit die Treue zu halten, die Spielhandlung als Pflicht unter die nützlichen Zwecke aufnimmt und damit die Spur von Freiheit an ihr vertilgt. Das gilt verstärkt für die heutige Massenmusik"[8].

Benjamin spricht in seinem Kunstwerkaufsatz nicht von spielerischen Elementen, sondern von der Rezeption im Zustand der Zerstreuung. Er bringt zwar einen Vergleich mit dem Sport, aber er will ihn positiv ausgelegt wissen[9]. Er sieht ebenfalls den Einfluß der kapitalistischen Wirtschaft auf den Film als Massenkunst, was ihn zu dem Satz veranlaßt: „Solange das Filmkapital den Ton angibt, läßt sich dem heutigen Film im allgemeinen kein anderes revolutionäres Verdienst zuschreiben, als eine revolutionäre Kritik der überkommenen Vorstellungen von Kunst zu befördern"[10], aber der Eintritt der Masse in die Kunst erachtet er im Gegensatz zu Adorno nicht als ein Zeichen der „Entkunstung der Kunst" im negativen Sinne, sondern der Veränderung der gesamten modernen Kunst. „Die Masse ist eine matrix, aus der gegenwärtig alles gewohnte Verhalten Kunstwerken gegenüber neugeboren hervorgeht"[11]. Die „alte Klage, daß die Massen Zerstreuung suchen, die Kunst aber vom Betrachter Sammlung verlangt", bezeichnet er als

---

[8] ebenda, S. 351
[9] Im Kunstwerkaufsatz heißt es: „Es hängt mit der Technik des Films genau wie mit der des Sports zusammen, daß jeder den Leistungen, die sie ausstellen, als halber Fachmann beiwohnt" (*Illuminationen*, hsg. von S. Unseld, Frankfurt/Main 1961, S. 164).
[10] ebenda, S. 163
[11] ebenda, S. 172

einen Gemeinplatz, mit dem man der Filmkunst überhaupt nicht gerecht werden kann.

Zu dem Essay *Über den Fetischcharakter der Musik und die Regression des Hörens* äußerte sich Benjamin überaus zurückhaltend. Angesichts der zur gleichen Zeit geführten Auseinandersetzung um die Passagenarbeit wollte er jegliche Streitpunkte vermeiden[12], was ihn allerdings nicht hinderte, in seinem Brief vom 9. Dez. 1938 an Adorno einige Unterschiede herauszustellen: „In meiner Arbeit (dem Kunstwerkaufsatz — K. S.) versuchte ich, die positiven Momente so deutlich zu artikulieren, wie Sie es für die negativen zuweg bringen", diplomatisch fügt er aber sogleich hinzu: „Eine Stärke Ihrer Arbeit sehe ich infolgedessen dort, wo eine Schwäche der meinigen lag"[13]. Kurz vorher hatte er betont, daß sie beide ja andere Gegenstände der Kunst behandeln, wobei er jedoch einräumt, daß auch „theoretische Divergenzen"[14] denkbar sind.

Während Adorno in dem Aufsatz von 1938 den Film aus seinen Erörterungen ausschloß, gibt er diese Beschränkung in der mit Horkheimer verfaßten *Dialektik der Aufklärung*

---

[12] Über diese „Streitpunkte" gibt es bereits eine beträchtliche Literatur, die allerdings selber den Charakter von Streitschriften trägt. Hier seien nur einige Positionen angeführt: Helmuth Lethen, Besprechung von Rolf Tiedemanns *Studien zur Philosophie Walter Benjamins* (Alternative Nr. 46, Februar 1966, Berlin-West); Helmut Heißenbüttel, „Vom Zeugnis des Fortlebens in Briefen" (*Merkur*, 3, 1967); die beiden Benjaminnummern der Zeitschrift *alternative* Nr. 56/57 und Nr. 59/60 mit Beiträgen von Rosemarie Heise, Piet Gruchot, Asja Lazis, Helmuth Lethen, Hans Heinz Holz, Hildegard Brenner, Helga Gallas und anderen. Eine etwas ausführlichere Bibliographie habe ich in meinem Aufsatz „Walter Benjamin jako teoretyk współczesnej kultury" (*Studia filozoficzne*, 6/1971, S. 25) gegeben.

[13] W. Benjamin, *Briefe*, a.a.O., Bd. II, S. 798

[14] Ebenda, S. 797

auf. Dort ist generell die Rede von Kunstbetrieb und Massenkunst, zu der auch der Film gezählt wird[15].

Zu einer generellen Ablehnung der Benjaminschen positiven Wertung des Verfalls der auratischen Kunst ent-
schließt sich Adorno erst in seiner *Ästhetischen Theorie*.
Er wollte damit wahrscheinlich die zahlreichen Angriffe
linker Kreise gegen ihn Ende der sechziger Jahre[16] abwehren
und der Beliebtheit, deren sich die späten Aufsätze Benjamins zu erfreuen begannen, etwas Einhalt gebieten. Er
befürchtete einen Kult der entzauberten Kunst, die er im
Innersten mit Nichtkunst gleichsetzte. In diesem Sinne
schrieb er z. B. in der *Ästhetischen Theorie*: „Die einfache
Antithese zwischen dem auratischen und dem massenre-
produzierten Werk, die, um ihrer Drastik willen, die Dialektik beider Typen vernachlässigt, wird Beute einer Ansicht
vom Kunstwerk, welche die Photographie zum Muster sich
wählt und die nicht weniger barbarisch ist als die vom
Künstler als Schöpfer; übrigens hat Benjamin ursprünglich
in der ‚Kleinen Geschichte der Photographie‘ keineswegs
jene Antithese so undialektisch verkündet wie fünf Jahre
später in dem Reproduktionsaufsatz. Während dieser aus
dem älteren die Definition der Aura wörtlich übernimmt,
wird von der Photographie-Arbeit den frühen Photographien
ihre Aura rühmend attestiert, die sie erst durch die Kritik
an ihrer kommerziellen Ausschlachtung — durch Atget —
verloren haben. Das dürfte dem Sachverhalt weit näher
kommen als die Simplifizierung, die dann der Reproduk-

---

[15] Siehe das Kapitel „Kulturindustrie. Aufklärung als Massenbetrug"
in Max Horkheimer, Theodor W. Adorno, *Dialektik der Aufklärung*,
a.a.O.

[16] Hierzu gehören vor allem die in Anmerkung 12 zitierten Autoren,
ferner Manfred Clemenz, a.a.O. (in: *neue politische literatur*,
Frankfurt am Main 1968, H. 2, S. 178—194); der Aufsatz Tombergs „Utopie und Negation. Zum ontologischen Hintergrund der
Kunsttheorie Th. W. Adornos", der 1963 im Juliheft der Zeitschrift *Das Argument* erschienen war sowie viele in linken Zeit-
schriften und Zeitungen verstreute Artikel.

tionsarbeit zu ihrer penetranten Beliebtheit verhalf . . . Entzauberte Verfahrungsweisen, die an die Erscheinungen so sich heften, wie diese sich geben, schicken nur allzugut sich zu ihrer Verklärung. Der Mangel von Benjamins groß konzipierter Reproduktionstheorie bleibt, daß ihre bipolaren Kategorien nicht gestatten, zwischen der Konzeption einer bis in ihre Grundschicht hinein entideologisierten Kunst und dem Mißbrauch ästhetischer Rationalität für Massenausbeutung und Massenbeherrschung zu unterscheiden" (7, 89 f.). Nichtauratische Kunst identifiziert Adorno mit Massenkunst, und diese wiederum setzt er mit einer Kunst gleich, welche der manipulierten Beherrschung der Massen dient. Da er überall nur den Durchbruch der Herrschaft sieht, er die Befreiung der Menschen von der Entfremdung für unwahrscheinlich erachtet, glaubt er, daß alles, was in die Breite wirkt, von der Gewalt manipuliert ist, die ja sonst nicht ihre Massenmedien zur Verfügung gestellt hätte.

Er hat Horkheimers Satz: „Der Kampf gegen die Massenkultur kann einzig im Nachweis des Zusammenhangs zwischen ihr und dem Fortgang des sozialen Unrechts bestehen" nicht nur zu seiner Devise gemacht, sondern ihn zu der Gleichung umgeformt, Massenkultur bedeute schon immer soziales Unrecht.

Den einzigen Ausweg biete die authentische Kunst. Sie müsse sich zwar dem Prozeß der Auflösung der Aura, der Entkunstung stellen, aber sie darf ihm nicht unterliegen. Sie hat ihm dialektisch zu begegnen, d. h. die Entzauberung oder Entkunstung in sich aufzunehmen. Sie kann sich nicht mehr einfach als Zauber setzen, das würde in der entzauberten Welt unwahr klingen. Erst dadurch, daß sie sich von der Welt kritisch abhebt, entzaubert sie die Entzauberung der Welt, ohne selber der Entzauberung anheimzufallen oder erneut Zauber zu werden. „Der Zauber selbst, emanzipiert von seinem Anspruch, wirklich zu sein, ist ein Stück Aufklärung; sein Schein entzaubert die entzauberte Welt. Das ist der dialektische Äther, in dem Kunst heute sich zuträgt" (7, 93).

Adorno denkt wie immer an eine Kunst Beckettscher Prägung, deren Vorwurf eine gänzlich entzauberte Welt ist, die entlarvt werden soll, ohne daß eine Identität zwischen der Welt und dem Kunstwerk entsteht. Trotz all ihrer Fraglichkeit behaupte sich die Kunst noch einmal. Das verdanke sie u. a. der bewußten Verwertung von Elementen, die lange nicht als künstlerisch galten (das Zirkushafte, die Clownerie, die Mülltonnen im *Endspiel* usw.). Der Weg zur authentischen Kunst kann also nur durch die Auflösung der alten Kunst und die Aufnahme des Entkunsteten in die modernen Werke gefunden werden unter strikter Ablehnung der sogenannten Massenkunst[17].

---

[17] Helmuth Plessner verbindet die „Entkunstung der Kunst" eindeutig mit moderner Antikunst. Ich glaube, daß er Adornos Verhältnis zu modernistischen Kunstbestrebungen zu positiv bewertet. Er berücksichtigt nicht, daß Adorno viele „Antikünste" als barbarisch abtun würde. Wörtlich schreibt Plessner: „Sich der Illusion der Dauer entschlagen ist die Voraussetzung für die Erkenntnis des Zeitkerns im Ewigen. Die heute durchschlagende Forderung zu ‚Entkunstung' der Kunst im Antitheater wie in musikalischen und malerischen Demonstrationen, die Konzeption von Antikunst reklamiert Adorno für das ästhetische Bewußtsein" (H. Plessner, „Zum Verständnis der ästhetischen Theorie Adornos", in: *Philosophische Perspektiven. Ein Jahrbuch* herausgegeben von R. Berlinger und E. Fink, IV, Frankfurt am Main 1972, S. 129 f.).

X. Der Begriff der „apparition"

Gegen den Benjaminschen Begriff des Verfalls der Aura setzt Adorno — wenngleich unausgesprochen — den der „apparition", einer Himmelserscheinung, wie er erklärend hinzufügt. Adorno spricht in diesem Zusammenhang auch, sich auf Ernst Schoen berufend, von dem Zauber des Feuerwerks, das, kaum aufgetaucht, schon verpufft, und vergleicht es mit dem Schauspiel und der Musik. Der Begriff der „apparition" (und auch des Feuerwerks) ist gegen die ältere Ästhetik gerichtet, die bei der Bestimmung des Künstlerischen und der Kunst von der Kategorie der Dauer ausgegangen war. Für Dauer stand auch oft Überzeitlichkeit. Nach Adorno können dagegen nur jene Kunstwerke auf ein zumindest begrenztes Fortleben rechnen, die das Momentane, Flüchtige zu bannen und zu transzendieren suchen. „Ist apparition das Aufleuchtende, das Angerührtwerden, so ist das Bild der paradoxe Versuch, dies Allerflüchtigste zu bannen. In Kunstwerken transzendiert ein Momentanes..." (7, 130). Adorno verwertet auf seine Weise die Auffassung Benjamins (der wiederum von Baudelaires Idee, daß die moderne Kunst im Flüchtigen und Zufälligen ein Element des unvergänglich Schönen endeckte, angeregt worden ist), daß sich die nichtauratische Kunst durch das Momentane und Schockartige auszeichne. Adorno denkt in seinen Ausführungen jedoch nicht an eine Kunst ohne Aura, sondern eine solche, die bereit ist, ihren eigenen Zauber zu zerstören, ohne dabei ihre Rätselhaftigkeit und auch den Zauber der Zerstörung zu verlieren. Das kunstvolle Feuerwerk des 17. Jahrhunderts habe etwas davon[1]. Es sei kaum eines

---

[1] Über das Feuerwerk im 17. Jahrhundert siehe R. Alewyn und K. Sälze, *Das große Welttheater. Die Epoche der höfischen Feste in Dokument und Deutung*, Reinbek bei Hamburg 1959

„theoretischen Blicks" gewürdigt worden, einzig Valéry habe „Gedankengänge verfolgt, die zumindest in seine Nähe führen" (7, 125).

Thomas Baumeister und Jens Kulenkampff haben darauf hingewiesen, daß F. Creuzer in seinen Bemerkungen zum Symbolbegriff bereits Gedanken formuliert hat, die an Adornos Theorie der apparition erinnern[2]. Creuzer erklärt in seiner *Symbolik und Mythologie der alten Völker, besonders der Griechen:* „Jenes Erweckliche und zuweilen Erschütternde /des Symbols/ hängt mit einer anderen Eigenschaft zusammen, mit der *Kürze.* Es ist wie ein plötzlich erscheinender Geist, oder wie ein Blitzstrahl, der auf einmal die dunkle Nacht erleuchtet. Es ist ein Moment, die unser ganzes Wesen in Anspruch nimmt, ein Blick in eine schrankenlose Ferne, aus der unser Geist bereichert zurückkehrt"[3]. In Adornos „apparition" steckt desgleichen etwas von der Ferne, die ein Kennzeichen der Benjaminschen Aura war. Er definierte sie bekanntlich „als einmalige Erscheinung einer Ferne, so nah sie sein mag"[4]. Bei Adorno fehlt die „Nähe"; „apparition" bezeichnet eine riesige, himmelweite Ferne. Die Rettung der Ferne, woran Adorno sehr liegt, ist

---

[2] Thomas Baumeister und Jens Kulenkampff, „Geschichtsphilosophie und philosophische Ästhetik. Zu Adornos ,Ästhetischer Theorie'" in: *neue hefte für philosophie* H. 5, Göttingen 1973, S. 90. Übrigens benutzt auch Benjamin das Bild des Aufblitzens, etwa in den „Geschichtsphilosophischen Thesen" (V und VI). M. Zenck verweist auf Kierkegaard, der von dem „Licht des Augenblicks", welcher der „Einbruch der Ewigkeit der Zeit ist", spricht (a.a.O. S. 62).

[3] F. Creuzer, *Symbolik und Mythologie der alten Völker, besonders der Griechen.* I. Teil, 2. völlig umgearbeitete Auflage, Leipzig, Darmstadt 1819, S. 59

[4] W. Benjamin, *Illuminationen,* a.a.O., S. 154. Lienhard Wawrzyn macht in seiner Schrift *Walter Benjamins Kunsttheorie. Kritik einer Rezeption,* Darmstadt und Neuwied 1973, darauf aufmerksam, daß Adorno durch den Begriff der „apparition" nicht nur den der Aura, sondern auch den des Verfalls der Aura zu retten versucht (siehe S. 74 f.).

jedoch eine sehr problematische. Das gleiche betrifft die Kürze der Erscheinung; einzig im Augenblick ihres Aufleuchtens kann sie den Schauer des Staunens, der Bewunderung erregen. Weder ein fachmännisches Beurteilen im Sinne Benjamins oder Brechts noch ein Sich-Versenken, das Adorno immer wieder fordert, scheint möglich zu sein.

Adorno bringt den Begriff der „apparition" ins Spiel, weil er seinem dialektischen Denken freien Lauf läßt; denn in welch anderem Begriff stehen Aufleuchten und Zerfall, Entstehung und Untergang so dicht nebeneinander? In diesem Zusammenhang klingen sowohl der Satz, daß Kunstwerke durch „die Zerstörung ihrer eigenen imagerie" zu Kunstwerken werden, überzeugend, wie auch: „Nicht nur Allegorien sind die Kunstwerke sondern deren katastrophische Erfüllung" (7, 131)[5].

Die Dialektik geht noch weiter, denn der Begriff der „apparition" erlaubt Adorno auch eine erneute Absage an die Widerspiegelungstheorie. Als „apparition" sind die Kunstwerke nämlich „Erscheinung und nicht Abbild" (7, 130). Im „Verbrennen der Erscheinung stoßen sie grell von der Empirie ab", so daß sie „Gegeninstanz dessen" sind, „was da lebt" (7, 131). Von einer künstlerischen Verarbeitung der Wirklichkeit kann keine Rede sein. Denkbar ist nur, daß bestimmte Elemente des Lebens, der gesellschaftlichen Beziehungen, der Empirie in die Erscheinung aufgenommen werden.

Begriffe und Wendungen, wie apparition, Verbrennen in grellem Schein oder jähes Aufblitzen[6] eignen sich ausgezeichnet, um anzudeuten, daß das Andere, das zu Erhoffende zwar immer wieder in unsere Vorstellungswelt Einlaß findet, diese aber nicht bestimmen darf, da sie sich sonst in Lüge verwandeln würde. In seiner *Rede über Lyrik und Gesellschaft* erklärte Adorno: „In der industriellen Gesellschaft wird die lyrische Idee der sich wieder herstellenden Un-

---

[5] Die Anspielung auf Benjamins Begriff der Allegorie und Ruine in dessen Trauerspielbuch ist eindeutig.

[6] vgl. zum Beispiel *Noten zur Literatur I*, Frankfurt 1965, S. 125 f.

mittelbarkeit, wofern sie nicht ohnmächtig romantisch
Vergangenes beschwört, immer mehr zu einem jäh Auf-
blitzenden, in dem das Mögliche die eigene Unmöglichkeit
überfliegt"[7].

Der Begriff der „apparition" drückt nicht nur die Dialektik zwischen Erscheinung und Zerfall, Empirie und Transzendenz, Kunst und Antikunst aus, sondern auch Adornos
Idee vom jähen Aufgehen des Nichtseienden in Kunstwerken[8], von dessen Existenz wir höchstens eine Ahnung
haben, da es aus Seiendem zusammengestückelt ist. „Mag
immer in den Kunstwerken das Nichtseiende jäh aufgehen,
sie bemächtigen sich seiner nicht leibhaft mit einem Zauber-
schlag. Das Nichtseiende ist ihnen vermittelt durch die
Bruchstücke des Seienden, die sie zur apparition versammeln.
Nicht ist es an der Kunst, durch ihre Existenz darüber zu
entscheiden, ob jenes erscheinende Nichtseiende als Erschei-
nendes doch existiert oder im Schein verharrt. Die Kunstwerke haben ihre Autorität daran, daß sie zur Reflexion
nötigen, woher sie, Figuren des Seienden und unfähig,
Nichtseiendes ins Dasein zu zitieren, dessen überwältigendes
Bild werden könnten, wäre nicht doch das Nichtseiende an
sich selber" (7, 129). Zu fragen wäre, ob dieses Nichtseiende
im Grunde genommen nicht den geläufigen Begriff der
Utopie meint.

---

[7] ebenda S. 97
[8] Auf die Dialektik, die hinter Adornos Begriff der „apparition"
    steckt, hat Gerhard Kaiser aufmerksam gemacht. Hier sei nur
    eine Stelle zitiert: „Die Explosion, Sprengung der Konstellation,
    führt nicht zur Neukonstellation hin, sie ist die Neukonstellation
    selbst, als Vorweisen und Negation der Konstellation der Ge-
    schichte in einem — hier löst sich der scheinbare Widerspruch, daß
    einmal die Wahrheit in einer Neukonstellation liegen soll, zum
    anderen darin, daß zur Konstellation gebracht wird, was ist; daß
    einmal die Wahrheit *in* der Konstellation sein soll, zum anderen
    jenseits ihrer: sie ist in ihr und jenseits ihrer, weil sie in der ver-
    brennenden Konstellation ist; in der Sprengung des Bestehenden
    geht die Möglichkeit des Anderen auf" (G. Kaiser, *Benjamin. Ador-
    no. Zwei Studien*, Frankfurt/M. 1974, S. 131).

XI. Nichtseiendes und Utopie

Adorno verwendet den Begriff Utopie nur sporadisch und reflektiert ihn nicht generell. Sogar in seinem Essay *Aldous Huxley und die Utopie* entwickelt er keinerlei grundsätzliche Gedanken über diesen Begriff als solchen. Er mißtraut der Utopie zutiefst, weil ihre Verwirklichung nichts anderes hervorbringen würde als ein neues System der Herrschaft und des Zwanges. Es scheint, daß er Ideologie und Utopie gleichsetzt. Letztere ist nur eine in die Zukunft projizierte Ideologie. Ob er Horkheimers Formel aus dem Jahre 1930 „Bewirkt die Ideologie den Schein, so ist dagegen die Utopie der Traum von der ‚wahren‘ und gerechten Lebensordnung"[1] akzeptieren würde, ist fraglich, denn zuviel aktuelles falsches Bewußtsein spielt für ihn in den „Traum" von dieser idealen Gesellschaftsordnung hinein. Er kann sich nicht vorstellen — darin geht er mit Horkheimer konform —, daß man sich eine grundsätzlich andere Welt ausdenken kann. Sie ist letztenendes wiederum ein Teil des existierenden Systems oder dessen einfache Umkehrung, was keinen Weg zur Befreiung bedeuten kann. „Sucht man", schreibt Adorno, „wie die Erkenntnistheorie es taufte, in phantasierender Fiktion irgendein schlechterdings nichtseiendes Objekt sich vorzustellen, so wird man nichts zuwege bringen, was nicht in seinen Elementen und selbst in Momenten seines Zusammenhangs reduktibel wäre auf irgendwelches Seiende. Nur im Bann totaler Empirie erscheint, was dieser qualitativ sich entgegensetzt, doch wiederum als nichts anderes denn ein Daseiendes zweiter Ordnung nach dem Modell der ersten" (7, 259).

---

[1] Max Horkheimer, *Anfänge der bürgerlichen Geschichtsphilosophie*, Stuttgart 1930, S. 6

Der Begriff des Utopischen ist Adorno jedoch nicht völlig fremd. Er tritt bei ihm in der Form auf, wie er in die Literatur als „utopische Intention" eingegangen ist. Ein Charakteristikum der utopischen Intention ist, daß sie sich auch ohne einen Entwurf von Zukunftsvision manifestieren kann. Sie erwächst weniger aus einer erträumten besseren Welt als aus einer Kritik an der bestehenden schlechten. „Nicht in der positiven Bestimmung dessen, was sie will", hat Arnhelm Neusüss präzis formuliert, „sondern in der Negation dessen, was sie nicht will, konkretisiert sich die utopische Intention am genauesten"[2]. Diese Art von Negation leistet gerade die „authentische Kunst", wie wir aus unzähligen Stellen der Ästhetik Adornos erfahren können.

„Authentische Kunst" schafft stets etwas, was sich von aller Wirklichkeit abhebt, wenn auch jedes Element im Werk der Wirklichkeit entnommen ist oder an sie erinnert. Dieses Etwas oder besser Andere nennt Adorno das Nichtdaseiende oder Nichtseiende, das natürlich nicht in romantisch verklärter Form als existent angesehen werden darf: „Ist in den Kunstwerken alles und noch das Sublimste an das Daseiende gekettet, dem sie sich entgegenstemmen, so kann Phantasie nicht das billige Vermögen sein, dem Daseienden zu entfliehen, indem sie ein Nichtdaseiendes setzt, als ob es existierte. Vielmehr rückt Phantasie, was immer die Kunstwerke an Daseiendem absorbieren, in Konstellationen, durch welche sie zum Anderen des Daseins werden, sei es auch allein durch dessen bestimmte Negation" (7, 258 f.).

Indem das Nichtdaseiende zugleich als nicht existent gesetzt wird, ist jenes jähe Aufleuchten des Anderen möglich. Es leuchtet unter anderem nur deswegen kurz auf, weil einem sofort bewußt wird, daß es in dieser Form weder existiert noch existieren wird. Das Andere läßt sich nicht

---

[2] Arnhelm Neusüss, *Utopie*, Soziologische Texte Band 44, Neuwied und Berlin, [2]1972, S. 33

als Zukunftsbild[3] festmachen, es kann nur die Hoffnung auf eine bessere Welt wecken.

In diesem Zusammenhang wären auch Adornos Sätze zu sehen, daß Kunst „Versprechen des Glücks" sei, sie eine „Statthalterschaft für eine kommende Gesellschaft, die Macht nicht mehr bedarf", ausübe. Sehr philosophisch drückt Adorno diesen Gedanken in seiner *Ästhetischen Theorie* aus: „Im Aufgang eines Nichtseienden, als ob es wäre, hat die Frage nach der Wahrheit der Kunst ihren Anstoß. Ihrer bloßen Form nach verspricht sie, was nicht ist, meldet objektiv und wie immer auch gebrochen den Anspruch an, daß es, weil es erscheint, auch möglich sein muß" (7, 128). Schon die reine Existenz der Kunstwerke deute „darauf, daß das Nichtseiende sein könnte. Die Wirklichkeit der Kunstwerke zeugt für die Möglichkeit des Möglichen" (7, 200).

Diesen Stellen stehen allerdings andere gegenüber, die sogar hinter die „utopische Intention" zurückfallen, nämlich jene, wo alle Zukunft als etwas Finsteres, noch Schlechteres gesehen wird. Theoretisch muß zwar zugegeben werden, daß in jeder Kritik schon ein utopisches Element enthalten ist, aber in der hoffnungslosen kommt es so wenig zum Vorschein, daß von einer Intention nur mit großen Unterstellungen die Rede sein kann. Es klingt gewiß sehr dialektisch, wenn Adorno erklärt, daß Kunst nur durch das „Bild des Untergangs", durch absolute Negativität das „Unaussprechliche", die Utopie, ausspreche (7, 55), daß sie „kraft eben jener Negativität kein absolut Negatives" (7, 347) mehr sei, daß das fragmentarische Kunstwerk „im Stande der vollkommenen Negativität die Utopie"[4] meint, aber gleichzeitig führt der Weg zur Erfüllung des Utopischen

---

[3] An dieser Stelle müßte der ganze Problemkomplex des Bilderverbots bei Adorno erörtert werden. Vgl. hierzu F. Grenz, a.a.O., S. 87

[4] *Philosophie der neuen Musik*, a.a.O., S. 114

nicht unmittelbar über eine Negation der Negation[5] , anstatt sich ihm zu nähern, scheint sich die Menschheit von ihm immer weiter zu entfernen.

Angesichts der verdeckten Zukunft, die kaum Lichtscheine durchdringen läßt, weist Adorno der Erinnerung an bessere Zeiten einen wesentlichen Platz zu. „Weil aber der Kunst ihre Utopie, das noch nicht Seiende, schwarz verhängt ist, bleibt sie durch all ihre Vermittlung hindurch Erinnerung, die an das Mögliche gegen das Wirkliche, das jenes verdrängte, etwas wie die imaginäre Wiedergutmachung der Katastrophe Weltgeschichte, Freiheit, die im Bann der Necessität nicht geworden, und von der ungewiß ist, ob sie wird" (7, 204). Die Erinnerung erfüllt hier nicht die Funktion der Mannheimischen „konservativen Utopie", dazu ist sie als zu ungewiß dargestellt, zu wenig an Zeiten gebunden, die die Phantasie nachträglich verklärt hat. Es ist eine platonische Anamnesis, die nicht nur mit einem Zustand der geschichtslosen Zeit im Naturzustand gekoppelt wird, sondern mit etwas, von dem man glaubt, daß es ein Besseres sei, wonach man sich schon immer gesehnt habe. Es sind Erinnerungen, die aus einer seligen Kindheit zu stammen scheinen: „eine Welt des Glücks, aber ohne Macht; eine Welt des Lohns, aber ohne Arbeit; Heimat ohne Grenzstein, Religion ohne Mythos. Die Geschichte ist abgeschafft und der Gedanke hat sich von der Herrschaft befreit". Mit diesen Worten charakterisiert Friedrich Tomberg die Utopie Adornos, wie sie sich in der *Dialektik der Aufklärung* darbietet. Horkheimer und Adorno hatten dort über die Juden geschrieben: „Gleichgültig wie die Juden an sich selber beschaffen sein mögen, ihr Bild, als das des Überwundenen, trägt die Züge, denen die totalitär gewordene Herrschaft todfeind sein muß: des Glückes ohne Macht, des Lohnes ohne Arbeit, der Heimat

---

[5] Neusüss' im Grunde richtige Formulierung „Ist die bestehende Wirklichkeit die Negation einer möglichen besseren, so ist die Utopie die Negation der Negation" (a.a.O., S. 33) wäre von hier aus neu zu durchdenken.

ohne Grenzstein, der Religion ohne Mythos. Verpönt sind diese Züge von der Herrschaft, weil die Beherrschten sie insgeheim ersehnen. Nur solange kann jene bestehen, wie die Beherrschten selber das Ersehnte zum Verhaßten machen"[6]. Michaela Alth hält diese Welt des Glücks gar nicht für so utopisch, wie Tomberg, der meinte, es sei „eine Welt, die als bloß geistige zu denken ist, d. h. die gar nicht zu denken ist — außer vielleicht im Gefolge der Philosophie des Deutschen Idealismus"[7]. Alth findet, daß „in einer Gesellschaft, die den Überfluß produziert, . . . Glück kein Privileg zu sein (braucht), mit der Automation wird die Verknüpfung von Lohn und Arbeit ohnedies immer fragwürdiger und die Aufhebung nationaler Grenzen ist auch nicht unmöglich". Doch nach dieser recht konkreten Zukunftsvision nimmt sie alles wieder zurück, indem sie einwirft: „Tomberg spürt indessen, daß es hier gar nicht so um diese konkreten Möglichkeiten, sondern um die Sehnsucht nach Glück, Gerechtigkeit und Freiheit geht, aber woran sollten sich jene, die eine bessere Gesellschaft wollen, orientieren, wenn nicht an diesen ‚Ideen'? Diese Sehnsucht ist Voraussetzung einer kritischen Theorie, nicht deren Ersatz. Daß Adorno so wenig über mögliche Praxis aussagt, liegt nicht daran, daß er ‚Idealist' ist, sondern beruht auf der unheilvollen Verstrickung fortschrittlicher und reaktionärer Tendenzen in unserer Gesellschaft. Die Frage: ‚Wie ist Neues überhaupt möglich' wäre Hohn in einer Gesellschaft, der man dabei zusehen kann, wie sie das mögliche Neue um der Aufrechterhaltung des Alten willen unterdrückt oder verfälscht, ehe es sich noch entfaltet hat"[8].

---

[6] *Dialektik der Aufklärung*, a.a.O., S. 178
[7] Friedrich Tomberg, *Politische Ästhetik*, a.a.O., S. 32
[8] Michaela Alth, „Erwiderung auf Tombergs Kritik an Adorno" in: *Das Argument* 3/1964, S. 157. Alths Polemik soll nachträglich von Adorno gutgeheißen worden sein.

Am Ende hat Tomberg so Unrecht wiederum nicht. Auf eine Formel gebracht, erscheint Utopie bei Adorno als das Nichtseiende wie auch als das Ersehnte, aber kaum zu Erhoffende.

XII. Das Verstummen

Obwohl Kunst immer „Utopie sein muß und will", ohne es
sein zu dürfen, „um nicht Utopie an Schein und Trost zu
verraten" (7, 55), hat moderne Kunst — wie wir sahen — in
den Augen Adornos so gut wie keine Möglichkeit, das
Nichtseiende auch nur als möglich ahnen zu lassen, denn
es ist, als sei die Geschichte in einen Stillstand geraten, der
ihrem Tod gleichzukommen scheint. Die Folge ist, daß die
Hoffnung „aus der Welt" kriecht, „dorthin zurück, woher
sie ihren Ausgang nahm, in den Tod"[1] . Der Kunst bleibt
mit anderen Worten nichts weiter übrig, wenn sie die Wahrheit ausdrücken will, als zu verstummen.

Ein populäres Argument für das Verstummen der Kunst
ist die Herrschaft des Wortes in Massenmedien, der Propa-
ganda und Reklame. Angesichts des Wortschwalls, der auf
die Menschen zukommt und sie tyrannisiert, wird die Kunst
ihren Protest nur dadurch manifestieren können, daß sie
sich in eine Art Schweigen zurückzieht, sie sich an den Rand
ihrer eigenen Existenz begibt. Kunst stellt die Wirklichkeit
in Frage, indem sie ihr eigenes Daseinsrecht bezweifelt. Sie
kann sich jedoch nicht völlig aufgeben, weil das zugleich ein
Einverständnis mit dem Bestehenden bedeuten würde. Diese
Logik erinnert ein wenig an Trotzreaktionen von Kindern,
die aus Protest in Lakonität verfallen. Der Ärger der Er-
wachsenen ist allerdings meist ein gewaltiger, so daß das
Verhalten des Kindes als eine nicht schlechte, wenn auch
destruktive Waffe anzuerkennen ist. Erinnert wird man auch
an Turrinis Stück *Sauschlachten*, in dem der junge Bur-
sche plötzlich zu sprechen aufhört und zu grunzen anfängt,

---

[1] *Noten zur Literatur II*, a.a.O., S. 236

wodurch er den ganzen elterlichen und dörflichen Macht-
apparat gegen sich aufbringt. Aber mehr als negative Ablehnung wird durch das Verstummen nicht erreicht. Man bekommt die Notwendigkeit der Veränderung zu spüren, ohne
etwas über die Richtung zum Anderen hin zu erfahren.

Adornos Argument für das Verstummen der Kunst ist
jedoch ein tiefergreifendes. Die Zunahme des Leids in der
modernen Geschichte müsse der Kunst jegliche Sprache ver-
schlagen. Nach dem Höhepunkt des Massenmordes, den
Auschwitz darstellt, ein Gedicht zu schreiben, sei barbarisch[2].
Nur Schweigen kann die Antwort hierauf sein. Und spricht
man dennoch, weil absolutes Schweigen nicht durchzu-
halten ist, schämt man sich der Worte, die man noch findet.
„Die Worte klingen wie Notbehelfe, weil das Verstummen
nicht ganz glückte, wie Begleitstimmen zum Schweigen, das
sie stören"[3].

Obwohl über die immense Rolle des Schweigens in der
Kunst schon viel geschrieben, immer wieder auf die Bedeutung des Unsagbaren in der Dichtung hingewiesen worden ist — es ist ein Lieblingsgedanke der bürgerlichen Literaturwissenschaft —, weist Adornos Plädoyer für das Verstummen eine neue Qualität auf: es meint nämlich nicht
mehr allein die Schwierigkeit des Dichters, sich im Raum
des Unsagbaren bewegen zu müssen, sondern die gesellschaftliche Unmöglichkeit oder besser „Fast-Unmöglich-
keit", auf die das Individuum vernichtende Realität noch
in Worten reagieren zu können[4]. Im Grunde genommen
bleibe nur das Verstummen.

---

[2] Theodor W. Adorno, *Prismen. Kulturkritik und Gesellschaft*,
Frankfurt am Main 1969, S. 31

[3] *Noten zur Literatur II*, a.a.O., S. 215

[4] B. Böschenstein sagt in seiner Interpretation des Gedichts „Tübingen, Jänner" von Celan: „Die Erkenntnis des heutigen Dichters
wagt gar überhaupt nicht mehr, Licht aus dem Dunkel zu zeugen.
Ihm wird das Dunkel noch mehr als nur Stellvertretung des Lichts.
Ihm wird es einziger Raum des Sehens" (in *Über Paul Celan*, hsg.
von Dietlind Meinecke, Frankfurt am Main 1970, S. 102). In sei-

Als hervorragendes Beispiel für das Verstummen in der Dichtung führt Adorno neben Beckett auch Celan an, den er als den „bedeutendsten Repräsentanten hermetischer Dichtung der zeitgenössischen deutschen Lyrik" ansieht. „Celans Gedichte wollen das äußerste Entsetzen durch Verschweigen sagen", konstatiert Adorno in den *Paralipomena*. „Ihr Wahrheitsgehalt selbst wird ein Negatives. Sie ahmen eine Sprache unterhalb der hilflosen der Menschen, ja aller organischen nach, die des Toten von Stein und Stern. Beseitigt werden die letzten Rudimente des Organischen; zu sich selbst kommt, was Benjamin an Baudelaire damit bezeichnete, daß dessen Lyrik eine ohne Aura sei. Die unendliche Diskretion, mit der Celans Radikalismus verfährt, wächst seiner Kraft zu. Die Sprache des Leblosen wird zum letzten Trost über den jeglichen Sinnes verlustigen Tod. Der Übergang ins Anorganische ist nicht nur an Stoffmotiven zu verfolgen, sondern in den geschlossenen Gebilden die Bahn vom Entsetzen zum Verstummen nachzukonstruieren" (7, 477).

Ähnliche Gedanken haben auch andere Denker, Kritiker und Dichter über Celans Lyrik geäußert, wobei sich manche fragten, ob hier nicht die Grenze der Poesie erreicht sei. So bemerkte beispielsweise Harald Weinrich in den *Akzenten* über Celan: „Die Frage ist, ob die solcherart an den Rand des Verstummens geführten Gedichte damit nun an die Grenze geführt werden, wo Poesie anfängt oder wo sie aufhört. . . Wohin führt die Entwicklung weiter? Was Celan betrifft, so fragt man sich bei jedem neuerscheinenden Gedichtband, ob es überhaupt noch weitergeht. Man kann aber mit Adorno die Gegenfrage stellen: Muß es weitergehen?"[5] .

---

nem Essay „Lesestationen im Spätwort. Zwei Gedichte aus Celans *Lichtzwang*" gebraucht Böschenstein den Begriff „sinnerfüllte Verweigerung" (in: B. Böschenstein, *Leuchttürme. Von Hölderlin zu Celan, Wirkung und Vergleich*, Frankfurt am Main, S. 306), was man als eine Wortschöpfung im Sinne Adornos auslegen könnte.

[5] Harald Weinrich, „Linguistische Bemerkungen zur modernen Lyrik" in: *Akzente* 15 (1968), S. 40

Dietlind Meinecke, die Herausgeberin des Suhrkampbandes *Über Celan* tut diesen Einwurf damit ab, daß nach der *Atemwende* noch zwei Bände zu Lebzeiten Celans und ein von ihm kurz vor dem Freitod vorbereiteter gefolgt sei. Zwar wirft Meinecke das Problem des Verstummens und Schweigens bei Celan auf, aber „so ganz stumm und schweigsam" gehe es ja in seinen Gedichten nicht her. Das „Thema Stummheit und Schweigen, oft genug wörtlich in den Gedichten genannt", sei nicht dasselbe „wie das Formgesetz, das in diesem Zeichen" stehe[6].

Gewisse Zweifel gegenüber dem Verstummen in Celans Lyrik haben auch seinerzeit Holthusen und Rudolf Hartung angemeldet. Während Holthusen Celan recht radikal als einen „Dauermieter im Unsagbaren" bezeichnete[7], trug Hartung seine Bedenken am Ende der Besprechung des Bandes *Fadensonne* vorsichtiger vor: „Groß aber zeigen sich in diesem Band auch die Gefahren, die das Gedicht Paul Celans bedrohen und die es zum Scheitern bringen könnten"[8].

Otto Knörrich stellte in seinem Buch *Die deutsche Lyrik der Gegenwart* die These auf: „Nicht Schweigen und Verstummen, sondern Gespräch und Begegnung sind, wenn man so will, die poetologischen Grundbegriffe Celans". Einschränkend fügt er hinzu, daß freilich beide Bereiche nicht zu trennen wären, was darin zum Audruck komme, daß das Begegnen ins Verstummen münde und das Vestummen „sich — immer noch einmal — einen ,singbaren Rest' (abtrotzt), in dem sich das Begegnen bezeugt"[9]. Man mag

---

[6] *Über Paul Celan*, a.a.O., S. 16

[7] Hans Egon Holthusen, „Dauermieter im Unsagbaren. Schwierigkeiten mit ,Fadensonnen', der neuesten Lyrik-Sammlung Paul Celans", in: *Die Welt der Literatur*, 16. Jan. 1969

[8] Rudolf Hartung, „An der Grenze zum Schweigen", in: *Über Paul Celan*, a.a.O., S. 257; Erstdruck unter dem Titel „An der Grenze zum Schweigen. Die gefährdete Lyrik Paul Celans" in: *Die Zeit*, 22. Nov. 1968

[9] Otto Knörrich, *Die deutsche Lyrik der Gegenwart*, Stuttgart 1971, S. 266

einwenden, daß Knörrich im Grunde nichts anderes sagt als Adorno, und doch meint er in der Tendenz etwas anderes: es ist doch möglich, dieser Welt Worte abzuringen. Er scheint nicht das Verdikt Adornos zu teilen, daß sich nach Auschwitz kein Gedicht mehr schreiben lasse; denn wenn er sagt, daß „Celans Tote ... die Toten von Auschwitz" seien, so heißt das zugleich, daß es eine Dichtung nach und sogar über Auschwitz, wenn auch metaphorisch, gibt. Es ist die Poesie der „Nichts-Erfahrung in ihrer furchtbarsten Form"[10]. Celan rücke damit in die Nähe von Nelly Sachs, für die Schweigen „ein neues Land" ist.

Christiaan L. Hart Nibbrig möchte Celans Lyrik als Anti-Texte verstanden wissen. Durch „inhaltliche Entleerung und verschweigendes Aussparen" werde hier eine „unbestimmbare Un-Wirklichkeit intendiert"[11]. Gegen Schweigen setzt Hart Nibbrig Verschweigen; jene hermetische Abgeschlossenheit, das Verschlossene werde durch „extreme kommunikative Öffnung" hervorgerufen. Es ist eine Öffnung einem abwesenden Du gegenüber, so daß „Sinn-Fülle" in „nichtssagende Leere" übergehen und alles Reden „sich mit dem Makel katastrophaler Unverbindlichkeit" behaften muß[12]. Eine solche Celaninterpretation entspräche Adornos Ideal der Kommunikation durch Kommunikationslosigkeit.

Adornos Verdikt über die Unmöglichkeit von Lyrik nach Auschwitz widerspricht auch Szondi, wobei er sich vor allem auf Celans *Engführung* als Gegenstück zur *Todesfuge* beruft. Seinen Widerspruch hätte im Prinzip auch Adorno formulieren können, nämlich daß nach Auschwitz ein Gedicht nur noch auf Grund von Auschwitz möglich sei.

Dagegen hätte Adorno heftig gegen Weinrichs zu großen Optimismus protestiert, der 1976 in der *Zeit* seine Sammel-

---

[10]   ebenda, S. 264
[11]   Christiaan L. Hart Nibbrig, *Ja und Nein. Studien zur Konstitution von Wertgefügen in Texten*, Frankfurt am Main 1974, S. 228
[12]   ebenda S. 241

rezension mit den Worten schloß: „Wir können. . .vielleicht
sogar noch einen Schritt weiter gehen und sagen, daß heute
in Deutschland wieder unbefangene Gedichte möglich sind,
weil Celan mit seinem poetischen Werk unserer Befangen-
heit eine Sprache gegeben hat, die brüderlich vernommen
und nachgesprochen werden kann. Wir sehen darin, jenseits
aller vordergründigen Ästhetik, nicht nur eine moralistische
und politische Handlung, sondern den Ausruck einer fast
messianischen Stellvertretung, die nach der Katharsis dieser Gedichte, wenn man sie beklommen gelesen hat, vielleicht Unbefangenheit wieder möglich macht, auf Grund
von Celan"[13].

Die vielleicht schöpferischste Auseinandersetzung mit
Adornos Auschwitzthese stellt Reinhard Baumgarts Essay
Unmenschlichkeit beschreiben dar. Seine Erwägungen beginnen damit, ob Adornos Verdikt nicht zumindest für die
Literatur *über* Auschwitz gelte. Dem hält er jedoch sogleich
entgegen, daß es eine solche Literatur schließlich gebe.
„Nicht nur Celan in der *Todesfuge,* nicht nur Nelly Sachs
haben sich auf diese Herausforderung eingelassen. Auch Erzähler haben versucht, von Auschwitz zu berichten". Am
besten sei dies dem polnischen Dichter Borowski gelungen,
führt Baumgart aus; durch den Verzicht auf den morali-
sierenden Erzähler und ein Sich-Unterwerfen unter die un-
menschlichen Bedingungen habe er eine Form gefunden,
in der kein Mitgefühl aufkommen kann. Ein solches würde
von dem tatsächlichen System der Grausamkeit, in dem sich
Opfer und Täter nicht mehr Aug in Aug gegenüberstehen,
nur ablenken. Baumgart gelangt nach der Analyse mehrerer
Werke über Auschwitz (u. a. der *Ermittlung* von Peter Weiss,
dem *Stellvertreter* von Rolf Hochhuth, dem *Joel Brand* von
Heinar Kipphardt) zu der einzig richtigen Schlußfolgerung,
daß von Werk zu Werk das fast unmögliche Unterfangen der

---

[13] Harald Weinrich, Ein deutscher Dichter nach Auschwitz. Befangen-
heit vor Paul Celan. Der Poet des Schweigens und die Beredsamkeit
seiner Interpreten, *Die Zeit*, 26. Juli 1976, S. 38

Darstellung der Unmenschlichkeit neu auszutragen ist, „es bliebe ihr (der Literatur) sonst nur, beflissen wegzusehen und zu schweigen — womöglich in der Meinung, das Unmenschliche geschehe eben durch Unmenschen, nicht durch uns und unseresgleichen. Solcher Vogel-Strauß-Trost verriete nur, wovon er sich gerade unberührt glaubt: Unmenschlichkeit"[14]. Das Verb „schweigen" steht nicht zufällig in diesem Text. Es bezeichnet einen Grenzwert, auf den man aber nicht zusteuern darf — so verlockend es auch sein mag —, wenn man nicht der Unmenschlichkeit das Feld überlassen will.

Dichter und Kritiker haben Adornos Ausspruch, nach Auschwitz lasse sich kein Gedicht mehr schreiben, überaus wörtlich genommen, wie aus den angeführten Zitaten zu ersehen ist. Nun ging es Adorno im Grunde genommen gar nicht so sehr um die Tatsache, ob nach Auschwitz Dichtung noch möglich ist. Sein Satz war erstens gegen die engagierte Literatur gerichtet, die es „wagte" den Tod von Millionen zu ihrem Vorwurf zu nehmen, zweitens war er metaphorisch gemeint, daß es kein Gedicht (Kunstwerk) mehr geben dürfe, welches sich nicht der Schuld bewußt ist, die sich die Menschheit im 20. Jahrhundert aufgeladen hat, drittens sah er in Auschwitz ein Symbol der historischen Entwicklung.

Daß dieser Satz gegen die engagierte Literatur gerichtet war, hatte er in seinem 1962 gegen Sartres Buch *Was ist Literatur* verfaßten Essay „Engagement" bekannt. Dort gibt er auch Enzensbergers Einwurf gegen die Unmöglichkeit von Dichtung nach Auschwitz beschränkt recht. Adorno gesteht, daß „das Übermaß an realem Leiden kein Vergessen" duldet, aber man dürfe deswegen noch keine Kunst

---

[14] Reinhard Baumgart, *Literatur für Zeitgenossen. Essays,* Frankfurt am Main 1966, S. 35 f.

schaffen, die es auf die direkte Nennung der Opfer absieht. Als Beispiel nennt er den *Überlebenden von Warschau*. Auch dieser bleibe „in der Aporie gefangen, der er, autonome Gestaltung der zur Hölle gesteigerten Heteronomie, rückhaltlos sich ausliefert. Ein Peinliches gesellt sich der Komposition Schönbergs. Keineswegs das, woran man in Deutschland sich ärgert, weil es nicht zu verdrängen erlaubt, was man um jeden Preis verdrängen möchte. Aber indem es, trotz aller Härte und Unversöhnlichkeit, zum Bild gemacht wird, ist es doch, als ob die Scham vor den Opfern verletzt wäre. Aus diesen wird etwas bereitet, Kunstwerke, der Welt zum Fraß vorgeworfen, die sie umbrachte. Die sogenannte künstlerische Gestaltung des nackten körperlichen Schmerzes der mit Gewehrkolben Niedergeknüppelten enthält, sei's noch so entfernt, das Potential, Genuß herauszupressen. Die Moral, die der Kunst gebietet, es keine Sekunde zu vergessen, schliddert in den Abgrund ihres Gegenteils. Durchs ästhetische Stilisationsprinzip, und gar das feierliche Gebet des Chors, erscheint das unausdenkliche Schicksal doch, als hätte es irgend Sinn gehabt; es wird verklärt, etwas von dem Grauen weggenommen; damit allein schon widerfährt den Opfern Unrecht, während doch vor der Gerechtigkeit keine Kunst standhielte, die ihnen ausweicht. Noch der Laut der Verzweiflung entrichtet seinen Zoll an die verruchte Affirmation. Werke geringeren Ranges als jene obersten werden denn auch bereitwillig geschluckt, ein Stück Aufarbeitung der Vergangenheit. Indem noch der Völkermord in *engagierter Literatur* zum Kulturbesitz wird, fällt es leichter, weiter mitzuspielen in der Kultur, die den Mord gebar. Untrüglich fast ist ein Kennzeichen solcher Literatur: daß sie, absichtlich oder nicht, durchblicken läßt, selbst in den sogenannten extremen Situationen, und gerade in ihnen, blühe das Menschliche; zuweilen wird daraus eine trübe Metaphysik, welche das zur Grenzsituation zurechtgestutzte Grauen womöglich insofern bejaht, als die Eigentlichkeit des Menschen dort erscheine. Im anheimelnden existenziellen Klima verschwimmt der Unter-

schied von Henkern und Opfern, weil beide doch gleicher-
maßen in die Möglichkeit des Nichts hinausgehalten seien,
die freilich im allgemeinen den Henkern bekömmlicher
ist"[15]. Adorno kommt letztenendes doch zu der These
zurück, die Kunst sei ohnmächtig, das unerhörte durch Auschwitz verkörperte Leid einzufangen. Zwar scheint er einen
Ansatz zu machen, von seiner Idee des Verstummens weg-
zukommen, man glaubt eine gewisse Nähe zu Baumgarts
Standpunkt zu spüren, aber indem er sich in Gefechte gegen
den Existentialismus, den Jargon der Eigentlichkeit einläßt,
fällt er wieder in seine ursprüngliche Ansicht zurück.

Seine Auffassung, Auschwitz stelle ein Symbol der
historischen Entwicklung der Menschheit dar, hat Günter
Rohrmoser zu der These zugespitzt, Auschwitz manifestiere
das „Wesen der Geschichte"[16] überhaupt. An anderer Stelle
heißt es: das „Wesen der 2000jährigen, bei den Griechen be-
ginnenden abendländischen Weltgeschichte" enthüllte sich
„in den Konzentrationslagern des 20. Jahrhunderts. . ."[17].

---

[15] *Noten zur Literatur III*, a.a.O., S. 126 f. (Sperrung vom Vf.)

[16] Günter Rohrmoser, *Humanität in der Industriegesellschaft*, Göttingen 1970, S. 13

[17] siehe Günter Rohrmoser, *Das Elend der kritischen Theorie*, Freiburg im Breisgau, 1970, S. 20 f. Sehr kritisch hat Martin Puder (in
den *Neuen Deutschen Heften*, 1/1971, S. 113—123) Rohrmosers
Buch besprochen. — Otwin Massing empfindet Adornos häufiges
Verweisen auf Auschwitz als Prätext, um den hoffnungslosen Zustand der Welt nicht dokumentieren zu müssen, sondern dafür einfache „Synonyma" oder Reizworte zu finden: „Neo-Barbarei, ‚reale Brutalität', Auschwitz — sind schließlich Synonyma für den de-
solaten Zustand einer als ‚schlecht' qualifizierten Wirklichkeit,
deren kausalgenetische Zusammenhänge entsprechend undetailliert
auf sich beruhen bleiben. Die Analyse exkulpiert sich im Pauschal-
urteil, worauf sich jeder seinen folgenlosen Reim beliebig machen
kann" (Otwin Massing, *Adorno und die Folgen. Über das ‚hermetische Prinzip' der Kritischen Theorie*, Neuwied 1970, S. 44).
Massing wirft Adorno vor, daß er die „Unvernunft" nach Auschwitz nicht differenziert genug analysiert habe. An dieser Stelle

Rohrmoser vereinfacht die Überlegungen Adornos soweit, daß der Sinn fast umgekehrt wird. Adorno und Horkheimer gingen in ihren Reflexionen über den Hitlerfaschismus davon aus, daß die folgenreiche zwölfjährige Episode in der Geschichte Deutschlands nicht als etwas Zufälliges angesehen werden kann. Sie muß ihre tieferen historischen und möglicherweise auch anthropologischen Gründe haben. Ihrer Meinung nach sind sie in der Verselbständigung des sogenannten geschichtlichen Fortschritts, vor allem der Technik, in der Zunahme des Identitätszwanges und in der kapitalistischen Warenwirtschaft, dem Warenfetischismus zu suchen. Das sind gleichsam die Keime, durch die die verwaltete Welt im Allgemeinen und der Faschismus im Besonderen Blüten schlagen konnten, aber nicht mußten. Der Ablauf der Geschichte ist nicht im Voraus programmiert. Doch da es einmal zu dem Zustand der Negativität gekommen ist, muß man sich ihm stellen, um zu retten, was zu retten ist. Eine Befreiung aus diesem Zustand erfolgt auf keinen Fall automatisch und auch die Zerschlagung des Faschismus bedeutet nicht eine solche Befreiung. Sie ist nur denkbar, wenn sich die Menschen von allem Fetischismus lossagen, insbesondere vom Identitätszwang. Es wäre eine Befreiung von sich selbst, die nicht, wie Rohrmoser es tut, in die Sphäre des Unmöglichen, ja Unsinnigen verwiesen werden darf[18]. Eine unabdingbare Voraussetzung wäre unter anderem, daß Denken imstande ist, auch gegen sich selbst zu denken[19]. Gegen sich selbst denken bedeutet

---

hätte sich eine Diskussion über Vietnam angeboten. Vielleicht wollte Massing hierauf in seiner Formulierung „Potenzierung . . . der organisierten gesellschaftlichen Unvernunft" anspielen. Adorno hat Vietnam nicht in seine philosophischen Betrachtungen aufgenommen, er erwähnt es allerdings u. a. in seinem „Offenen Brief an Rolf Hochhuth".

[18] vgl. hierzu auch Martin Puder, a.a.O., S. 116 ff.

[19] *Negative Dialektik*, S. 356

unter anderem, in jeder Hinsicht das Äußerste, das „dem Begriff entflieht"[20], denken zu können.

Zum Äußersten gehört auch, der absoluten Negativität, die nach Auschwitz nur allzu real erscheint, ins Auge zu schauen. „Auschwitz bestätigt", erklärt Adorno in der *Negativen Dialektik*, „das Philosophem von der reinen Identität als dem Tod. Das exponierteste Diktum aus Becketts Endspiel: es gäbe gar nicht mehr soviel zu fürchten, reagiert auf eine Praxis, die in den Lagern ihr erstes Probestück lieferte, und in deren einst ehrwürdigem Begriff schon die Vernichtung des Nichtidentischen teleologisch lauert. Absolute Negativität ist absehbar, überrascht keinen mehr. Furcht war ans principium individuationis der Selbsterhaltung gebunden, das, aus seiner Konsequenz heraus, sich abschafft. Was die Sadisten im Lager ihren Opfern ansagten: morgen wirst du als Rauch aus diesem Schornstein in den Himmel dich schlängeln, nennt die Gleichgültigkeit des Lebens jedes Einzelnen, auf welche Geschichte sich hinbewegt: schon in seiner formalen Freiheit ist er so fungibel und ersetzbar wie dann unter den Tritten der Liquidatoren. Weil aber der Einzelne, in der Welt, deren Gesetz der universale individuelle Vorteil ist, gar nichts anderes hat als dies gleichgültig gewordene Selbst, ist der Vollzug der altvertrauten Tendenz zugleich das Entsetzlichste; daraus führt so wenig etwas hinaus wie aus der elektrisch geladenen Stacheldrahtumfriedung der Lager. Das perennierende Leiden hat soviel Recht auf Ausdruck wie der Gemarterte zu brüllen; darum mag falsch gewesen sein, nach Auschwitz ließe kein Gedicht mehr sich schreiben. Nicht falsch aber ist die minder kulturelle Frage, ob nach Auschwitz noch sich leben lasse, ob vollends es dürfe, wer zufällig entrann und rechtens hätte umgebracht werden müssen"[21].

---

[20] ebenda
[21] ebenda S. 353. In ähnlicher Weise äußerte sich Adorno in einer Bemerkung zu seinem Rundfunkvortrag „Erziehung und Auschwitz": „Das Entsetzen, das einstweilen in Auschwitz kulminierte,

Mit Auschwitz hat das Sterben Dimensionen angenommen, die alle Philosophie des „Seins zum Tode", um mit
einer schon zum Slogan gewordenen Wendung Heideggers
zu sprechen, ad absurdum führt. Und nach Auschwitz ist
alle „Kultur ... samt der dringlichen Kritik daran" Müll[22],
erklärt Adorno mit eindeutigem Blick auf Becketts *Endspiel.*
„Wer für die Erhaltung der radikal schuldigen und schäbigen
Kultur plädiert, macht sich zum Helfershelfer, während,
wer der Kultur sich verweigert, unmittelbar die Barbarei
befördert, als welche die Kultur sich enthüllte. Nicht einmal Schweigen kommt aus dem Zirkel heraus. . ."[23]. Hier
zweifelt Adorno also selber einmal an seiner — man kann
schon sagen — Lieblingsidee des Schweigens und Verstummens, ohne allerdings, wie wir es bereits oben betonten,
auf Baumgarts Standpunkt überzuwechseln. Sowohl reden wie auch schweigen sind von Übel. Diese Denkfigur,
daß das eine wie das andere Zugeständnisse am schlechten
Zustand bedeuten, ist für Adorno überaus charakteristisch.
Da er stets die Extreme mitdenkt, kann er nie zu einer, zumindest momentanen, Wahrheit gelangen. Daher darf man
ihm auch nicht unterstellen, wie es Rohrmoser tut, die Geschichte habe in Auschwitz gipfeln müssen, was nichts anderes hieße, als daß der Untergang der Menschheit eintreten
wird; denn für Adorno bleibt immer noch die Möglichkeit,
daß gerade das allgemeine Bewußtsein des Leidens einen
Umschlag zum Besseren mit sich bringt. Aufschlußreich
sind in dieser Hinsicht seine Ausführungen in dem kurzen

---

bewirkt mit einer Logik, die dem Geist immanent ist, dessen Regression. Über Auschwitz läßt sich nicht sprachlich gut schreiben;
auf Differenziertheit ist zu verzichten, wenn man deren Regungen
treu bleiben will, und doch fügt man mit dem Verzicht wiederum
der allgemeinen Rückbildung sich ein" (in: Theodor W. Adorno,
Stichworte. Kritische Modelle 2, Frankfurt am Main 1969, S. 9).
[22] *Negative Dialektik*, S. 357
[23] ebenda S. 358

Artikel *Wird Spengler rechtbehalten?*: „Offen ist, ob sein (Spenglers) Verdikt das letzte Wort behält, ob der Geist gerichtet ist in einer geschichtlichen Phase, in der das Denken des Einzelnen über dessen eigenes Schicksal nur so wenig vermag, oder ob das Element der Allgemeinheit, mit dem der Geist über das partikuläre Einzelinteresse hinausweist, ihm auch die Chance gewährt, seine reale Ohnmacht zu überdauern und dem Möglichen beizustehen"[24]. Und am Schluß dieses Artikels lesen wir, es gehe darum, „ob die Menschheit lernt, sich selbst zu bestimmen"[25].

---

[24] Theodor W. Adorno, „Wird Spengler rechtbehalten?" in: *Frankfurter Hefte*, 1955, S. 844

[25] ebenda S. 846. Alfred Schmidt endet sein Essay „Adorno — ein Philosoph des realen Humanismus" mit den Worten: „Die Sache der Menschheit, für welche die Gott-Hypostase einstand, ist weder schon gewonnen noch endgültig verloren. Eine Unausgemachtheit, die in jedem Satz Adornos zutage tritt" (in: *Theodor W. Adorno zum Gedächtnis*, a.a.O., S. 75). Otwin Massing vertritt dagegen eine gegenteilige These: „Während sich alle Welt — im Guten wie im Bösen — in Bildern auszulegen beginnt, nimmt negative Dialektik äußerste Askese auf sich und zeitigt beides: Trauer zu früh und Hoffnung zu spät" (*Adorno und die Folgen*, a.a.O., S. 55).

XIII. Sprachloser Ausdruck

Adorno empfindet Sprache als etwas im Grunde genommen Kunstfeindliches: „Die wahre Sprache der Kunst ist sprachlos. . ." (7, 171). Kunstwerke geben in ihrer Selbstheit sich zu erkennen, in einem So bin ich, und nicht in „signifikanter Sprache". Diese Selbstheit nennt Adorno auch Ausdruck, den „Blick der Kunstwerke" (7, 172). Es ist eine seiner vom frühen Benjamin übernommenen Lieblingsideen, nämlich daß das Kunstwerk uns anschaut und auf diese Weise sein Wesen kundgibt. Der Betrachter läßt sich von diesem Blick gefangennehmen und entdeckt an ihm das Sehnsüchtige, Schmerzvolle und Melancholische, kurzum das Ausdrucksvolle: „Ausdruck ist das klagende Gesicht der Werke. Sie zeigen es dem, der ihren Blick erwidert, selbst dort, wo sie im fröhlichen Ton komponiert sind oder die vie opportune des Rokoko verherrlichen" (7, 170).

Einen Ausdruck haben allerdings nur Werke, die nicht „reine Form" sind, die sich nicht völlig des mimetischen Moments entschlagen. Anderseits darf auch das Mimetische nicht gänzlich im Kunstwerk dominieren, denn der Ausdruck gibt stets etwas Subjektives wieder, der sich erst aus der Überlagerung von mimetischen und expressiven Elementen ablesen läßt. Selbstverständlich ist das Subjektive nicht mit den Gefühlen und Stimmungen des Künstlers gleichzusetzen. Es ist etwas Kollektives, das Innere des Autors Transzendierendes. Damit nimmt es zugleich objektive Züge an. Adorno erkennt dem Ausdruck, die große Kunstwerke ausstrahlen, Objektivität zu, obzwar subjektiv vermittelt.

Durch den Ausdruck, der den Kunstwerken anhaftet, gewinnen diese etwas Menschliches, Humanes. Einerseits

sind sie auf diese Weise nicht reine Natur[1], der wir nur
dann Ausdruckskraft zuschreiben können, wenn wir sie mit
unseren Stimmungen beleben; anderseits heben sich die
Kunstwerke, die Adorno als gelungene akzeptiert, durch den
Ausdruck von der Dingwelt und funktionalen Gebilden
ab. Ausdrucksvolle Werke sperren sich gegen die entfremdete verwaltete Welt. Schließlich wehren sich Kunstwerke
durch das Ausdruckshafte gegen begriffliche Erfassung.

Nach Adorno läßt „Ausdruck kaum anders sich vorstellen denn als der von Leiden — Freude hat gegen allen
Ausdruck spröde sich gezeigt, vielleicht weil noch gar keine
ist, und Seligkeit wäre ausdruckslos. . ." (7, 169). Einige
Seiten später geht Adorno noch weiter, indem er behauptet,
daß „authentische Kunst" den „Ausdruck des Ausdruckslosen"[2] kenne, das „Weinen, dem die Tränen fehlten" (7,
179)[3]. Hier wäre die Brücke zu der Idee des Verstummens
geschlagen. Nach Auschwitz müßte die Menschheit in end-
lose Trauer, tiefe Melancholie verfallen. Diese Rolle scheint
aber das künstlerische Werk zu übernehmen. Fassungslos
schaut es auf die Zerrüttung der Welt. Zu jeder Erregung
scheint es zu spät, obwohl die Erinnerung an einst bessere
Zustände einen leuchtenden Blick hervorrufen müßte.

---

[1] vgl. hierzu 7, 485 f.
[2] Über die „Idee des Ausdruckslosen" vgl. ebenfalls Martin Zenck, *Kunst als begriffslose Erkenntnis*, a.a.O., der sowohl Benjamins diesbezüglichen Einfluß auf Adorno (S. 150 f.) wie auch die Be-ziehung des Begriffs des Ausdruckslosen zur Moderne, insbesondere in der Musik, (S. 241 ff.) untersucht hat.
[3] Im Essay „Ist die Kunst heiter?" schreibt Adorno: „Anstelle von Lachen tritt das tränenlose, verdorrte Weinen" (*Noten zur Lite-ratur IV*, Frankfurt am Main 1974, S. 155)

XIV. Finsternis und Tod

Die Welt hat, seitdem die Natur immer mehr der Vernichtung anheimfällt, ihren Duft und ihre Farbe verloren. Sinnliche Freude, die man vielleicht von der Kunst erwartet, ist mehr und mehr zu einem Hohn auf die Wirklichkeit geworden, noch dazu wo die Werbung eine Fassade lustvollen Erlebens, eine Welt des Glanzes vortäuscht. Kunst kann hierauf nur, wie Adorno öfters betont, mit Askese und Finsternis antworten. Sie findet mehr Lust „bei der Dissonanz als bei der Konsonanz" (7, 66).

Aufgabe der Kunst sei es heute, wenn sie „inmitten des Äußersten und Finstersten der Realität" bestehen, sich nicht „als Zuspruch verkaufen" wolle, dem Dunkeln sich gleichzumachen. „Radikale Kunst heute heißt soviel wie finstere, von der Grundfarbe schwarz" (7, 65).

Das Schwarze und Finstere verweisen auf die Hölle und den Tod. Der Tod ist mit moderner Kunst verschwistert. „Was bei Baudelaire als Satanismus sich gebärdet, ist die sich selbst als negativ reflektierende Identifikation mit der realen Negativität des gesellschaftlichen Zustandes. Weltschmerz läuft über zum Feind, der Welt" (7, 38 f.). Und an anderer Stelle meint Adorno, daß die „Bilder des Postindustriellen" die „eines Toten" seien (7, 325). Eine Welt jedoch, die — gerade nach Auschwitz — zu einer höllenähnlichen geworden, der der Weltschmerz gleichsam immanent ist, kann von der Kunst nicht etwa als Hölle dargestellt werden, denn dann verlöre sie einerseits ihre wesentliche Funktion, die des Standhaltens[1], anderseits würde sie einen „Anspruch

---

[1] Adorno scheint das Wort „standhalten" dem Wort „widerstehen" vorzuziehen. Im Widerstehen steckt vielleicht noch zu viel des Kämpferischen, und Kampf verbindet er mit Gewalttätigkeiten.

auf den positiven Sinn von Negativität" erheben können[2].
Moderne Kunst wird daher, wenn sie auf der Höhe der Zeit
stehen will, sich dem Finsteren bzw. der Welt des Todes,
wie in Becketts *Endspiel*, verschreiben, aber ohne auf den
jeweiligen Gegensatz gänzlich zu verzichten; oder besser,
sie wird Hoffnung und Tod so miteinander verquicken, daß
man beide nicht mehr unterscheiden kann. Moderne Kunst
„ist weder heiter noch ernst; das Dritte aber zugehängt, so,
als wäre es dem Nichts eingesenkt, dessen Figuren die fortgeschrittenen Kunstwerke beschreiben"[3].

---

[2] *Noten zur Literatur IV*, S. 157
[3] ebenda

XV. Das Naturschöne und die Kunst

Die Natur und das Naturschöne gehören bekanntlich im 18. und zu Beginn des 19. Jahrhunderts zu Grundbegriffen der Ästhetik, obwohl, wenn man die Entwicklung von Kant bis Hegel verfolgt, das Naturschöne immer stärker dem Kunstschönen untergeordnet wurde. Kant hatte noch die „Naturschönheit" vor die „Kunstschönheit" gesetzt, weil das Wohlgefallen an der ersteren von einer moralischen Gesinnung zeuge. Der „Vorzug der Naturschönheit vor der Kunstschönheit, wenn jene gleich durch diese der Form nach sogar übertroffen würde, dennoch an jener allein ein unmittelbares Interesse zu nehmen, stimmt mit der geläuterten und gründlichen Denkungsart aller Menschen überein, die ihr sittliches Gefühl kultiviert haben. Wenn ein Mann, der Geschmack genug hat, um über Produkte der schönen Kunst mit der größten Richtigkeit und Feinheit zu urteilen, das Zimmer gern verläßt, in welchem jene, die Eitelkeit und allenfalls gesellschaftliche Freuden unterhaltende, Schönheiten anzutreffen sind, und sich zum Schönen der Natur wendet, um hier gleichsam Wollust für seinen Geist in einem Gedankengange zu finden, den er sich nie völlig entwickeln kann, so werden wir diese seine Wahl selber mit Hochachtung betrachten und in ihm eine schöne Seele voraussetzen, auf die kein Kunstkenner und Liebhaber, um des Interesses willen, das er an seinen Gegenständen nimmt, Anspruch machen kann"[1]. Das „Interesse am Schönen der Natur" ist „nur denen eigen, deren Denkungsart entweder zum Guten schon ausgebildet ist, oder dieser Ausbildung vorzüglich empfänglich ist"[2], es kann also nur

---

[1] Immanuel Kant, *Kritik der Urteilskraft*, A 165 f.
[2] ebenda, A 168

von edlen Naturen bewundert werden. Kant mißt dem Naturschönen deswegen eine so große Bedeutung zu, weil in ihm die sittliche Vernunft die Zweckmäßigkeit der Welt und seine eigene zu erfahren meint.

Schiller knüpft zwar an diese Ideen Kants an, aber durch seinen geschichtsphilosophischen Ausgangspunkt und seine Überzeugung, daß die vom Menschen ursprünglich empfundene Einheit mit der Natur unwiederbringlich verloren gegangen ist (was ihn in Gegensatz zu Rousseaus historiosophischem Konzept setzt), bringt er einen neuen Aspekt in die Diskussion über die Natur: das Problem der Wiedererlangung der Harmonie. Dies ist nur über das Ideal möglich, das aber „ein Unendliches ist, das er /der Mensch/ niemals erreicht", so daß „der kultivierte Mensch in seiner Art niemals vollkommen werden /kann/, wie doch der natürliche Mensch es in der seinigen zu werden vermag". Trotzdem ist „das Ziel, zu welchem der Mensch durch Kultur strebt, demjenigen, welches er durch Natur erreicht, unendlich vorzuziehen. . . Der eine erhält. . .seinen Wert durch absolute Erreichung einer endlichen, der andre erlangt ihn durch Annäherung zu einer unendlichen Größe"[3].

Der Dichter wird allerdings nie versuchen, seine Bande mit der Natur zu zerreißen, auch nicht der moderne oder sentimentalische. „Die Dichter sind überall, schon ihrem Begriffe nach, die Bewahrer der Natur. Wo sie dieses nicht ganz mehr sein können, und schon in sich selbst den zerstörenden Einfluß willkürlicher und künstlicher Formen erfahren oder doch mit demselben zu kämpfen gehabt haben, da werden sie als die Zeugen und als die Rächer der Natur auftreten. Sie werden also entweder Natur sein, oder sie werden die verlorene suchen"[4]. Das, was der Dichter findet, ist bereits ein Geistiges, nicht die Natur sel-

---

[3] Friedrich Schiller, *Werke in drei Bänden*, Leipzig 1955, Bd. II, S. 627.
[4] ebenda, S. 621

ber, denn die „sentimentalische Dichtung ist die Geburt der Abgezogenheit und Stille"[5], eine Auffassung, die bei Adorno weiterlebt, wenngleich in anderer Form.

Hegel kennt keine ehrfurchtsvolle Hochachtung vor der Natur und ihrer Schönheit mehr. Er hat sich ganz auf den Standpunkt des Ideals gestellt, das wir nur im Kunstschönen verkörpert finden. Die Natur ist „notwendig unvollkommen in ihrer Schönheit", weil sie den Geist beschränkt, ihn in Endlichkeit und Partikularität verharren läßt. Der Geist sucht sich daher einen anderen Bereich, in welchem er sich zu realisieren vermag. Er findet ihn in der Kunst, wo er das Ideal, das Kunstschöne, entfalten kann. Die Aufgabe des Ideals bzw. Kunstschönen bestimmt Hegel dahingehend, „daß es den Beruf habe, die Erscheinung der Lebendigkeit und vornehmlich der geistigen Beseelung auch äußerlich in ihrer Freiheit darzustellen und das Äußerliche seinem Begriffe gemäß zu machen. Denn erst ist das Wahre aus seiner zeitlichen Umgebung, aus seinem Hinaussichverlaufen in die Reihe der Endlichkeiten herausgehoben und hat zugleich eine äußere Erscheinung gewonnen, aus welcher nicht mehr die Dürftigkeit der Natur und der Prosa hervorblickt, sondern ein der Wahrheit würdiges Dasein, das nun auch seinerseits in freier Selbständigkeit dasteht, indem es seine Bestimmung in sich selber hat und sie nicht durch Anderes in sich hineingesetzt findet"[6]. Natur und Naturschönheit rücken damit aus dem Gesichtsfeld der Ästhetik. Umso überraschender war es, als Adorno diese Begriffe wieder in die Kunstphilosophie einführte.

Adornos Auffassung von der Natur ist eine historiosophische. Seitdem der Mensch in das Zeitalter der Aufklärung, d. h. der Vorherrschaft der Vernunft, eingetreten ist, hat er seine Bindung zur Natur verloren. Sie ist ihm keine Lehrmeisterin mehr, sondern ein Objekt, das er nutzen

---

[5] ebenda, S. 661
[6] G. W. F. Hegel, *Ästhetik*, a.a.O., Bd. I, S. 155

will. „Was die Menschen von der Natur lernen wollen, ist, sie anzuwenden, um sie und die Menschen vollends zu beherrschen"[7]. Der Zwang, die Natur sich zu verdinglichen, entspringt aus der einstigen Angst vor ihren elementaren Kräften. Ursprünglich hatten die Menschen nur zu wählen „zwischen ihrer Unterwerfung unter Natur oder der Natur unter das Selbst"[8]. Die Angst lebt auch dann noch weiter, wenn bereits kein hinreichender Grund für sie mehr gegeben ist. Adorno und Horkheimer denken hier in Freudschen Kategorien. Die Angst, die in der Kindheit ihre Ursache hat, bleibt bestehen und kann zu neurotischen Zuständen führen. Auf die Menschheitsgeschichte übertragen, bedeutet das, daß die ungelösten Konflikte im Kindheitsstadium der Gattung Mensch einen neurotischen Herrschaftsanspruch über die Gesamtheit der Welt und sogar den Kosmos zur Folge haben[9]. Es ist die „radikal gewordene, mythische Angst"[10], von der die Aufklärung durchdrungen ist. Alles Andersartige, Nichtidentische, Draußen Seiende, alles Inkommensurable muß entweder weggeschnitten oder erklärt, klassifiziert und unter eine Formel gebracht werden. „Es darf überhaupt nichts mehr draußen sein, weil die bloße

---

[7] *Dialektik der Aufklärung*, S. 8

[8] ebenda, S. 32

[9] Sehr scharf kritisieren Thomas Baumeister und Jens Kulenkampff diese Übertragung psychoanalytischer Kategorien auf den Geschichtsverlauf. „Die Interpretation der Geschichte der Rationalität am Leitfaden der psychoanalytischen Krankheitslehre kann die These von der grundsätzlichen Antinomie der Vernunft keinesfalls rechtfertigen". Außerdem setze die „Form der Kritischen Theorie als Therapie . . . gerade eine im Kern intakte Vernunft voraus, die Therapie erst sinnvoll macht: was dagegen in seinen Fundamenten verkehrt ist, kann man nicht krank nennen, weil es prinzipiell nicht heilbar ist" („Geschichtsphilosophie und philosophische Ästhetik. Zu Adornos ,Ästhetischer Theorie'" in: *neue hefte für philosophie*, Nr. 5, a.a.O., S. 97).

[10] *Dialektik der Aufklärung*, a.a.O., S. 18

Vorstellung des Draußen die eigentliche Quelle der Angst ist"[11].

Durch Aufklärung wird Natur in „bloße Objektivität" verwandelt. Gleichzeitig konstituiert der Mensch eine Einheit der Natur, um sie zum Ebenbild seiner vorgeblichen Identität zu machen. Von der magischen Beschwörung war die Einheit der Natur „so wenig wie die Einheit des Subjekts . . .vorausgesetzt. Die Riten des Schamanen wandten sich an den Wind, den Regen, die Schlange draußen oder den Dämon im Kranken, nicht an Stoffe oder Exemplare. Es war nicht der eine und identische Geist, der Magie betrieb; er wechselte gleich den Kultmasken, die den vielen Geistern ähnlich sein sollten. Magie ist blutige Unwahrheit, aber in ihr wird Herrschaft noch nicht dadurch verleugnet, daß sie sich, in die reine Wahrheit transformiert, der ihr verfallenen Welt zugrundelegt. Der Zauberer macht sich Dämonen ähnlich; um sie zu erschrecken oder zu besänftigen, gebärdet er sich schreckhaft oder sanft. Wenngleich sein Amt die Wiederholung ist, hat er sich noch nicht wie der Zivilisierte, dem dann die bescheidenen Jagdgründe zum einheitlichen Kosmos, zum Inbegriff aller Beutemöglichkeit zusammenschrumpfen, fürs Ebenbild der unsichtbaren Macht erklärt. Als solches Ebenbild erst erlangt der Mensch die Identität des Selbst, das sich in der Identifizierung mit anderem nicht verlieren kann, sondern sich als undurchdringliche Maske ein für allemal in Besitz nimmt. Es ist die Identität des Geistes und ihr Korrelat, die Einheit der Natur, der die Fülle der Qualitäten erliegt. Die disqualifizierte Natur wird zum chaotischen Stoff bloßer Einteilung und das allgewaltige Selbst zum bloßen Haben, zur abstrakten Identität"[12].

Ein Ausweg aus dem pathologischen Identitätszwang, dem Drang, alles sich zu unterwerfen, wäre nur dann gegeben, wenn der Mensch sich dessen bewußt werden würde und er bereit wäre, seine eigene Endlichkeit zu akzeptieren

---

[11] ebenda
[12] ebenda S. 12 f.

und auf sich zu nehmen. Er müßte also das Andere, Nicht-Identische als solches gelten lassen und nicht versuchen, es sich anzuverwandeln.

Historisch gesehen, besteht die reale Möglichkeit der Befreiung vom Identitätszwang. Wenn man die Naturbeherrschung, mit der der Mensch in die Geschichte eintrat, als notwendige Voraussetzung zur Herausbildung seiner Subjektivität interpretiert, so ist gegenwärtig, d. h. etwa seit dem 19. Jahrhundert, ein solcher Stand der Produktivkräfte erreicht, daß sich der Mensch auch ohne weitere Unterwerfung der Natur als freies Individuum entfalten könnte; besser gesagt, er kann nur frei werden, wenn er keinen Zwang mehr ausübt, sich dem Nicht-Identischen gegenüber öffnet. Und ein solches Nicht-Identisches wäre eben die Natur, der Adorno ähnliche Züge verleiht wie der Kunst. Indem der Mensch der Natur eingedenk, vor der er in neurotischer Angst lebte und lebt, wird er imstande sein, sich von seinem Herrschaftswahn zu befreien. Nun gebraucht Adorno allerdings den Begriff Natur, wie Thomas Baumeister und Jens Kulenkampff gezeigt haben, als einen „bloßen Namen für alles Andere", das dem Medium der Diskursivität, dem Medium des abstrahierenden Denkens und der dialektischen Vernunft" sich entzieht. „Es kann mit ‚Natur' nichts Bestimmtes bezeichnet sein, denn alle Bestimmung hätte sich der Form des Begriffes zu bedienen, die durch ihre Allgemeinheit das Besondere verfehlen muß. Was Natur ist, läßt sich nicht sagen; und deshalb auch nicht die utopische Potentialität bestimmen, die in der Erinnerung der Vorgeschichte entspringen soll. ‚Natur' meint nichts anderes als das Unbestimmte überhaupt; als Gegenbegriff zur Vernunft im Rahmen begrifflicher Rede — wie sie von Horkheimer/Adorno aufgefaßt wird — hat dieser Terminus notwendig den Charakter unbestimmten Zeigens. ‚Natur' als kritischer Begriff ist lediglich der Index alles dessen, was aus der Sphäre von Vernunft und Theorie ausgeschlossen und verdrängt wurde. Dem Grundbegriff einer nicht-dialektischen Aufklärung kommt so in einem

Modell, das auf dem abstrakten Gegensatz von Allgemeinheit und Besonderheit beruht, nur die ganz vage Bedeutung des Anderen, des Ausgeschiedenen, wie des Ungeschiedenen, des Ganzen zu"[13]. Diese Unbestimmtheit hat die ‚Natur' mit der Kunst gemein, deren Charakteristikum es ja auch ist, sich gegen jeden Begriff zu sperren[14].

Eine Ähnlichkeit zwischen Kunst und Natur besteht auch in der Erfahrungsweise ihrer Schönheit. Zwar läßt sich von der Natur nicht sagen, was schöner oder häßlicher ist, einzig „der Pedant vermißt sich, in der Natur Schönes und Häßliches zu unterscheiden, aber ohne alle solche Unterscheidung würde der Begriff des Naturschönen leer" (7, 110). Und einige Zeilen weiter faßt Adorno diesen Gedanken genauer: „Während zwischen Schönem und nicht Schönem in der Natur nicht kategorisch zu unterscheiden ist, wird doch das Bewußtsein, das in ein Schönes liebend sich versenkt, zur Unterscheidung gedrängt. Ein qualitativ Unterscheidendes am Schönen der Natur ist, wenn irgendwo, zu suchen in dem Grad, in dem ein nicht von Menschen Gemachtes spricht, ihrem Ausdruck. Schön ist an der Natur, was als mehr erscheint, denn was es buchstäblich an Ort und Stelle ist. Ohne Rezeptivität wäre kein solcher objektiver Ausdruck, aber er reduziert sich nicht aufs Subjekt; das Naturschöne deutet auf den Vorrang des Objekts in der subjektiven Erfahrung" (7, 110 f.). Dieses Mehr-Sein als es erscheint kennen wir bereits von der Wesensbestimmung der Kunst her. Und künstlerische Erfahrung — wenn sie nicht primitiv sein soll, d. h. nicht eine Übertragung des eigenen Ichs auf das Kunstwerk ist — bedeutet für Adorno stets

---

[13] *neue hefte für philosophie*, Nr. 5, a.a.O., S. 83 f.

[14] „Natur wird derart erfahren, daß sich ihre erscheinende Schönheit der identifizierenden Logizität des Begriffs entzieht. Der Begriff wird in der ästhetischen Wahrnehmung spezifisch überwunden" (Heinz Paetzold, *Neomarxistische Ästhetik II*, Düsseldorf 1974, S. 31).

ein Sich-Versenken in das Objekt, welches zur Selbstver-
gessenheit zwingt; das Objekt findet in der subjektiven Erfahrung, wenn diese zugleich in eine ästhetische umschlägt,
Vorrang. Die Parallelität zwischen der Erfahrung bzw.
Wahrnehmung des Naturschönen und der Kunst geht jedoch noch weiter: „Wahrgenommen wird es /das Natur-
schöne/ ebenso als zwingend Verbindliches wie als Unver-
ständliches, das seine Auflösung fragend erwartet. Weniges
vom Naturschönen hat auf die Kunstwerke so vollkommen
sich übertragen wie dieser Doppelcharakter. Unter seinem
Aspekt ist Kunst, anstatt Nachahmung der Natur, Nachahmung des Naturschönen" (7, 111).

Sowohl die Kunst wie auch das Naturschöne erscheinen
dem Betrachter als etwas Rätselhaftes. Bei der Natur trifft
das allerdings nur dann zu, wenn wir sie nicht als etwas
Nützliches, zu Beherrschendes anschauen.

Kunst und Naturschönes sind ferner durch das Schweigen verbunden. Die Schönheit der Natur will in stummem
Eingedenken erfahren werden, was nicht heißt, daß gerade
derjenige, der für Naturschönes empfindsam ist, nicht doch
nach einem Ausdruck für das Wahrgenommene sucht.
Adorno denkt hier an den Dichter, dem es gelingt, die
Schönheit der Natur für Augenblicke und damit für eine
relative Dauer zu bannen. Es ist ein Akt der Befreiung, der
jedoch nicht mit der Unterwerfung der Natur verbunden ist.

Durch das Schweigen, das der Natur gemäß ist, wird diese
zu einem Vorbild für die Kunst. „Das Lückenlose, Gefügte,
in sich Ruhende der Kunstwerke ist Nachbild des Schweigens, aus welchem allein Natur redet" (7, 115). Nachbild
des Schweigens bedeutet jedoch nicht dessen Abbild, denn
einerseits läßt sich „Natur, als ein Schönes" nicht abbilden
(7, 105) und anderseits wäre Kunst, die überhaupt nicht
spricht, die also der Natur gliche, keine mehr. Adorno formuliert diesen Gedanken aphoristisch: „Ist die Sprache der
Natur stumm, so trachtet Kunst, das Stumme zum Sprechen
zu bringen. . ." (7, 121). Zugleich kann aber Kunst, wie wir
bereits ausführten, auf diese Welt nur mit Verstummen rea-

gieren, indem sie sich gegen die unmittelbare Kommunikation stellt. Wie man die Sache auch sieht, Schweigen und Verstummen sind für Adorno Grenzwerte der Kunst, diese stellen aber wiederum Wesensmerkmale (für Verstummen wäre Stummheit zu setzen) der Natur dar.

Gemeinsam an Kunst und Natur ist, daß sie die Freiheit von Herrschaft ahnen lassen oder gar versprechen. Obwohl jedes Bild des Naturschönen immer gesellschaftlich vermittelt ist, steckt in ihm etwas, „was jenseits der bürgerlichen Gesellschaft, ihrer Arbeit und ihrer Waren wäre" (7, 108)[15]. Etwas Ähnliches kann man authentischen Kunstwerken nachsagen. Sie dürfen aber nur andeutungsweise zu einer derartigen Jenseitigkeit streben, weil sie sonst einen Zustand der falschen Hoffnungen versprechen würden.

Sowohl das Naturschöne wie auch die Kunst erinnern an Freiheit, wobei jedoch die erinnerte Freiheit im Naturschönen eine problematische sein muß, denn es ist eine Anamnesis, die „Freiheit im älteren Unfreien sich erhofft" (7, 104). Kunst ist mit diesem Erbe nicht belastet und kann deswegen das „einlösen, was Natur verspricht" (7, 103)[16].

Adorno setzt Natur und Kunst auch durch den Begriff der „apparition" zueinander in Beziehung. „Wie in Musik blitzt, was schön ist, an der Natur auf, um sogleich zu verschwinden vor dem Versuch, es dingfest zu machen", lesen

---

[15] vgl. hierzu Paetzold, S. 33

[16] Siehe 7, 103. Rohrmoser berücksichtigt dieses Moment in seinen Erörterungen über die Erinnerung des Menschen nicht. Den Stellenwert der Kunst in Adornos Denken hat er ausgeklammert. Er geht nur auf den Adornoschen Begriff der Natur selber ein: „Ein großer Teil der denkerischen Anstrengungen Theodor W. Adornos gilt dem Versuch zu sagen, wie denn das Verhältnis des Menschen zur Natur gedacht werden muß, von dem er sich in der Geschichte emanzipiert hat". (*Das Elend der kritischen Theorie*, a.a.O., S. 25). Über den Naturbegriff bei Adorno siehe auch die Diskussion zwischen Koch/Kodalle und Schweppenhäuser in *Negative Dialektik und die Idee der Versöhnung. Eine Kontroverse über Theodor W. Adorno*, Stuttgart 1973 und Friedemann Grenz, a.a.O., Kap. 3

wir in der *Ästhetischen Theorie*, und der nächste Satz lautet sogleich: „Kunst ahmt nicht Natur nach, auch nicht einzelnes Naturschönes, doch das Naturschöne an sich" (7, 113), d. h. die Fähigkeit, plötzlich aufzuleuchten, sich aber nicht in die festeren Umrisse der Begriffe einfangen zu lassen.

Schließlich zeichnet sich die Naturschönheit dadurch aus, daß sie „dicht an der Wahrheit" ist, aber „im Augenblick der nächsten Nähe" sich verhüllt. „Auch das hat Kunst dem Naturschönen abgelernt" (7, 115), erklärt Adorno.

Obwohl die Quelle für die Quasigleichsetzung des Naturschönen mit der Kunst in der alten Lehre, daß die Kunst die Natur nachahme, und in der Sehnsucht nach Unberührtheit, Naivität zu suchen ist, scheint es zugleich, daß Adorno den Begriff des Naturschönen (und auch der Natur) einerseits aus seiner Philosophie des Nichtidentischen und anderseits seiner Auffassung, daß gerade die Kunst eine Verkörperung des Nichtidentischen ist, abgeleitet hat. Er ist nicht, wie er vorgibt, den Weg von der Natur zur Kunst gegangen, sondern hat umgekehrt, Eigenschaften der Kunst nachträglich auf die Natur und das Naturschöne übertragen.

Adorno verschließt selbstverständlich nicht die Augen vor der gesellschaftlichen Bedingtheit und dem Untergang des Naturschönen. So bemerkt er, daß in „Zeitläuften, in denen Natur den Menschen übermächtig gegenübertritt, fürs Naturschöne kein Raum /ist/; agrarische Berufe, denen die erscheinende Natur unmittelbar Aktionsobjekt ist, haben, wie man weiß, wenig Gefühl für die Landschaft. Das vorgeblich geschichtslos Naturschöne hat seinen geschichtlichen Kern. . ." (7, 102). Erst in neuerer Zeit, in der einerseits die Angst vor den Naturgewalten verschwindet, anderseits die Ganzheit der Natur nur noch ästhetisch erfahren werden kann, hat sich das Gefühl für das Naturschöne entwickelt[17],

---

[17] Zu diesem ganzen Problemkomplex vergleiche J. Ritter „Landschaft — zur Funktion des Ästhetischen in der modernen Gesellschaft", der übrigens von Paetzold ausführlich referiert wird (S. 29 f.).

das aber durch die Zivilisationsprozesse bereits wieder anachronistisch geworden ist. „Das Naturschöne geht im Zeitalter seines totalen Vermittelseins in seine Fratze über..." (7, 106), konstatiert Adorno in der *Ästhetischen Theorie*. Diese Feststellung bedeutet aber auch, daß das Naturschöne, wie es Adorno sieht, eine reine Konstruktion bzw. eine Utopie ist.

XVI. Der Begriff der Moderne

Mit dem Begriff der Moderne bezeichnet man heute im allgemeinen die künstlerischen Erscheinungen etwa von Baudelaire bis zur Gegenwart, wobei man die ersten theoretischen Einsichten in das Wesen der Moderne zumeist bei Friedrich Schlegel zu finden glaubt[1]. Dieser ist allerdings noch zu sehr dem diachronischen Begriffspaar antik und romantisch-modern verhaftet, um tatsächlich ein „Moderner" sein zu können. Hinzukommt, daß die Romantik bereits eine vergangene Epoche ist, während die Kunst seit Baudelaire noch nicht zum Abschluß gekommen zu sein scheint[2].

Es ist symptomatisch, daß gerade Baudelaire den 1849 zum ersten Mal von Chautebriand in den *Mémoires d'Outre-Tombe* verwandten Begriff la modernité in seine Überlegungen aufnimmt. Modernität zeichnet sich seiner Mei-

---

[1] Kracauer sagte in der Diskussion über M. H. Abrams Referat „Coleridge, Baudelaire, and Modernist Poetics": „Die historische Veränderung der Beziehung zwischen Poetik und Poesie sollte man zum Hauptthema einer Diskussion machen. Da keine Theorie aus den dazugehörigen Leistungen verstehbar ist, ist sie nur im Zusammenhang mit der Geschichte verstehbar wie bei der Theorie Schlegels, die erst von Baudelaire eingeholt worden ist" (*Poetik und Hermeneutik II, Immanente Ästhetik, Ästhetische Reflexion. Lyrik als Paradigma der Moderne*, herausgegeben von W. Iser, München 1966, S. 427).

[2] Vgl. hierzu u. a. Michael Hamburger, *Die Dialektik der modernen Lyrik. Von Baudelaire bis zur konkreten Poesie*, München 1972 sowie die Beiträge zu dem in der vorigen Anmerkung genannten Band der *Poetik und Hermeneutik*.

nung nach durch das Vorübergehende, Momentane, Kontin-
gente aus. Ihre Antithese ist das Ewige. Das ist, wie Jauss
in seiner „wortgeschichtlichen Betrachtung" *Literarische
Tradition und gegenwärtiges Bewußtsein der Modernität*
ausführt, „keineswegs eine verspätete Variante der plato-
nisch-christlichen, von der Romantik erneut verbrauchten
Antithese von Zeit und Ewigkeit, sondern ihr Gegenteil!
Denn *éternel* nimmt hier die Stelle ein, die in der früheren
Tradition von der Antike oder vom Klassischen besetzt war:
wie das Idealschöne (*le beau unique et absolu*) hat auch das
Ewige (*l'éternel et l'immuable*) als Antithese der modernité
für Baudelaire den Charakter einer abgeschiedenen Vergangenheit. Auch was uns ewig schön erscheint, mußte
erst hervorgebracht werden; das zeitlos Schöne ist nichts
anderes als die vom Menschen selbst entworfene und ständig wieder aufgegebene Idee des Schönen im Status des
Vergangenseins. Die beispielhafte Kunst des *Peintre de la
vie moderne* entdeckt im Flüchtigen und Zufälligen ein
Element des unvergänglich Schönen; sie setzt gerade im Mo-
dischen und Historischen, das der klassische Geschmack
außer acht ließ und verschönte, das Poetische frei"[3].

Auch Adorno läßt die Moderne bei Baudelaire beginnen.
Er folgt hierin Benjamin, der in seiner Passagenarbeit bekanntlich zeigen wollte, daß Baudelaires „einzigartige Bedeutung" darin bestand, „als erster und am unbeirrbarsten
die Produktivkraft des sich selbst entfremdeten Menschen
im doppelten Sinne des Wortes dingfest gemacht — agnos-
ziert und durch die Verdinglichung gesteigert — zu haben"[4],
wie es in einem Brief an Horkheimer heißt. Adorno teilt
jedoch nur begrenzt die Auffassung Benjamins von der
Moderne; schon die „Urgeschichte" der Moderne sieht er
anders. Sie beginnt seines Erachtens mit dem Bild der Hölle[5].

---

[3] in *Aspekte der Modernität*, hsg. von H. Steffen, Göttingen 1965,
S. 184 f.
[4] W. Benjamin, *Briefe*, a.a.O., Bd. II, S. 752
[5] Vgl. ebenda, S. 673

Die „qualitative Schwelle zur Moderne" sei dadurch definiert, daß das Leben der Kunstwerke vom Tod zehre (7,
201). Die Moderne trägt gleichsam das Mal des Untergangs
auf ihrer Stirn. Sie ist für Adorno das, was für Benjamin die
Allegorie war[6].

Zwar verbindet auch Benjamin die Moderne mit dem
Tod, aber mit einem heroischen. „Die Moderne muß im
Zeichen des Selbstmords stehen, der das Siegel unter ein
heroisches Wollen setzt, das der ihm feindseligen Gesinnung
nichts zugesteht. Dieser Selbstmord ist nicht Verzicht,
sondern heroische Passion. Er ist die Eroberung der Moderne im Bereiche der Leidenschaften"[7]. Selbstmord war in
den Zeiten Baudelaires heldenhaft, weil er zugleich einen
leidenschaftlichen Protest darstellte. „Der Selbstmord",
schreibt Benjamin, „konnte sehr wohl einem Baudelaire als
die einzig heroische Handlung vor Augen stehen, die den
multitudes maladives der Städte in den Zeiten der Reaktion
verblieben war"[8].

Benjamin sieht die Moderne als Gegensatz zur Romantik,
diese verkläre „Verzicht und Hingabe", jene „Leidenschaften und Entschlußkraft"[9], was zur Folge hat, daß die Moderne beim Auftreten von Widerständen eben mit heroischen Taten antworten muß. In einem gewissen Sinne
haften aber auch der Benjaminschen Moderneauffassung ro-
mantische Züge an, denn seine Heroen der Moderne sind

---

[6] vergleiche W. Benjamin, *Ursprung des deutschen Trauerspiels*,
Frankfurt am Main, S. 174 ff. Es ist vielleicht charakteristisch,
daß sich Adorno in dem vielzitierten Brief an Benjamin vom 2.7.1935
auf das Trauerspielbuch in Verbindung mit dem Begriff der Moderne beruft.
[7] Walter Benjamin, *Das Paris des Second Empire bei Baudelaire*,
Berlin und Weimar 1971, hsg. von Rosemarie Heise, S. 109
[8] ebenda, S. 110
[9] ebenda, S. 107

Gestalten, die irgendwie im Widerspruch zu der neuen, der Natur absagenden Zivilisation stehen und die die warenproduzierende Gesellschaft als etwas Fremdes empfinden. Die Figuren des Flaneurs, Fechters, Dandys, Apachen und Lumpensammlers können nur dann als die Helden der großen Stadt erscheinen, wenn diese als trostloses Gebilde aufgefaßt wird, wie es Benjamin im Grunde genommen tut. Seine Frage, die er in Verbindung mit der „Poesie des Apachentums", welche „Baudelaire als erster angeschlagen" hat[10], aufwirft, ob der „Auswurf die Helden der großen Stadt" stelle oder der „Held nicht vielmehr der Dichter, der aus solchem Stoffe sein Werk erbaut", sei, ist gerade aus einer derartigen Sicht heraus entsprungen. Wie man die Frage auch beantworten mag, immer steckt eine negative Bewertung der Stadt dahinter. In dem einen Falle ist die Stadt das, was ihr Auswurf verkörpert, in dem anderen kann der Dichter sie nur durch dieses Prisma betrachten. Daran vermag auch Benjamins Sympathie für die Masse und die Armen nichts zu ändern, denn ebenfalls in einer befreiten Gesellschaft wird die denaturierte Stadt das Zentrum des gesellschaftlichen Lebens bilden. Jauss hat wohl mit Recht darauf aufmerksam gemacht, daß Benjamin die „dialektische Kehrseite der Entfremdung: die mit der Absage an die Natur freigesetzte, neue Produktivkraft des Menschen verkannt" habe[11]. In einem noch größerem Maße kann man das Adorno vorwerfen. Während bei Benjamin zumindest in seinen späteren Schriften eine Akzeptation der modernen Zivilisation, die sich eine eigene „Natur" und eigene reproduzierbare Ausdrucksweisen schafft, zutagetritt, verbindet Adorno die Moderne gänzlich mit der warenproduzierenden Gesellschaft. Sie beginnt für ihn mit dem Einsetzen des Warenfetischismus, und die „Einheit" der Moderne liegt seitdem im Warencharakter[12]. Adorno scheint hiermit we-

---

[10] ebenda, S. 113
[11] H. R. Jauss, *Literaturgeschichte als Provokation*, Frankfurt am Main 1970, S. 58
[12] Vgl. W. Benjamin, *Briefe*, a.a.O., Bd. II, S. 676

niger zu meinen, daß die Kunstwerke letztendlich selber
Waren sind und gewissen Gesetzen des Kunstmarkts gehor-
chen, sondern daß sie sich — zumindest die authentischen —
einerseits von der warenproduzierenden Gesellschaft ab-
heben müssen und sie anderseits ihre Spuren tragen, sei es
auch nur durch Opposition zu ihr. Authentische Kunstwerke können sich am besten durch Autonomie gegen das
Gesetz der Warenwelt, daß jedes Ding gegen ein anderes austauschbar ist, wehren. Diese Autonomie wird unter anderem
dadurch erlangt, daß das Kunstwerk gegen jeden Genuß sich
spröde macht. Während die Ware, obwohl sie auf die Realisierung ihres Tauschwertes aus ist, Gebrauchswert vortäuschen muß, kann das moderne authentische Kunstwerk genau umgekehrt vorgehen, indem es abstößt, schockiert
durch die Aufnahme der Welt der Entfremdung, der Versteinerung. Adorno formuliert diesen Gedanken wieder einmal aphoristisch: „Moderne ist Kunst durch Mimesis ans
Verhärtete und Entfremdete; dadurch, nicht durch Ver-
leugnung des Stummen wird sie beredt; daß sie kein Harm-
loses mehr duldet, entspringt darin" (7, 39). Moderne Kunst
dieser Art wendet sich also sowohl gegen den Tauschwert,
indem sie Autonomie und Unwiederholbarkeit anstrebt,
wie auch gegen den Gebrauchswert, indem sie jeglichen
Genuß von sich weist. Daß sie trotzdem Marktgesetzen
unterliegt, weiß Adorno, doch versucht er diese Tatsache
durch philosophisch-ästhetische Reflexion über die Möglichkeiten, die in authentischen Kunstwerken verborgen liegen,
zu überspielen. Wenn er zum Beispiel sagt, „das absolute
Kunstwerk trifft sich mit der absoluten Ware" (7, 39),
so erreicht er damit zwar, daß ein Bogen von der Kunst-
zur Warenwelt gespannt, eine Korrespondenz aufgewiesen
wird, aber zugleich lenkt er von dem Weg ab, der zur Erkenntnis der eigentlichen Gesetze des Kunstmarkts führt.
Mit dem eben zitierten Satz meint Adorno, daß sowohl die
Kunstwerke abstrakt werden, indem sie bewußt das sinnliche Moment, die Bildhaftigkeit aufgeben, als auch die
Waren, nämlich dadurch daß ihr Gebrauchswert zu etwas

Sekundärem herabsinkt und nur noch ihr Tauschwert genossen wird. Eine absolute Ware wäre eine, die einzig Tauschwert besitzt, wie das Papiergeld, ein absolutes Kunstwerk eins, das allem Lebendigen entsagt hat. Adornos Idee, daß beide sich begegnen, ist zwar geistreich, aber reine Spekulation. Zwei ähnlich erscheinende Begriffe sind durch Konstruktion aufeinander bezogen worden.

Ein Wesensmerkmal der Moderne ist ihr Zwang zum Neuen. Eigenartigerweise verbindet ihn Adorno nicht bzw. nur sehr mittelbar mit dem Zwang in der Warenwirtschaft, alles als das Allerneueste ausgeben zu müssen, obwohl sich die Waren im Wesen immer gleich bleiben. Das Neue in der Kunst ist „von der Sache erzwungen, die anders nicht zu sich selbst, los von Heteronomie, kommen kann. Aufs Neue drängt die Kraft des Alten, das, um sich zu verwirklichen, des Neuen bedarf" (7, 40). Adorno glaubt mit anderen Worten an eine immanente Entwicklung der Kunst, wenigstens an eine Ausschöpfung bestimmter Verfahrensweisen oder Techniken. Er teilt hierin die Überzeugung aller bürgerlichen Theoretiker und Künstler, die unter anderem eine großartige Darstellung in Thomas Manns *Doktor Faustus* gefunden hat[13].

Der Eigengesetzlichkeit der Kunst gehorchend, muß jeder Künstler die neuesten, fortgeschrittensten Materialien und Techniken verwenden, wenn er ein „Moderner" bleiben will. Das hat nach Adorno nichts mit Sensationsbedürfnis, wie es den Marktgesetzen eigen ist, zu tun. „Selbst einem des Modernismus so wenig verdächtigen Komponisten wie Anton Bruckner wären seine bedeutendsten Wirkungen versagt geblieben, hätte er nicht mit dem fortgeschrittensten Material seiner Periode, der Wagnerschen Harmonik, operiert, die er dann freilich paradox umfunktionierte. Seine Symphonien fragen, wie ein Altes doch noch, als Neues nämlich, möglich sei; die Frage bezeugt die Unwidersteh-

---

[13] Allerdings nicht ohne Mithilfe von Adorno, vgl. hierzu meinen Aufsatz „Er wußte noch mehr...". Zum Konzeptionsbruch in Thomas Manns *Doktor Faustus* unter dem Einfluß Adornos, der in Kürze in *Orbis Litterarum* erscheinen wird.

lichkeit von Moderne, das Doch noch bereits ein Unwahres, auf welches gerade die Konservativen seiner Tage als auf ein Unstimmiges hämisch deuten konnten. Daß die Kategorie des Neuen nicht als kunstfremdes Sensationsbedürfnis sich abtun läßt, ist zu erkennen, an seiner Unwiderstehlichkeit. Als, vor dem Ersten Krieg, der konservative, doch überaus sensible englische Musikkritiker Ernest Newman Schönbergs Orchesterstücke op. 16 hörte, warnte er, man solle diesen Schönberg nicht unterschätzen, er gehe aufs Ganze; dies Moment wird vom Haß als das Destruktive des Neuen registriert, mit besserem Instinkt als von der Apologetik. Schon der alte Saint-Saëns spürte etwas davon, als er, den Eindruck Debussys abwehrend, erklärte, es müsse doch auch andere Musik geben als solche. Was den Veränderungen im Material, die bedeutende Neuerungen mit sich führen, ausweicht, und was ihnen sich entzieht, stellt sogleich als ausgehöhlt, unkräftig sich dar. Newman muß bemerkt haben, daß die Klänge, die Schönberg in den Orchesterstücken freigesetzt hatte, nicht mehr aus der Welt fortzudenken sind, und daß sie, einmal existent, Implikationen für das gesamte Komponieren haben, die schließlich die traditionelle Sprache beseitigen. Das währt fort; man muß nur nach einem Stück von Beckett ein gemäßigteres zeitgenössisches gesehen haben, um dessen innezuwerden, wie sehr das Neue urteilsloses Urteil ist. Noch der ultra-restaurative Rudolf Borchardt hat bestätigt, daß ein Künstler über den einmal erreichten Standard seiner Periode verfügen müsse" (7, 37). Es ist merkwürdig, wie ein Denker, der sonst jede empirische Tatsache dazu benutzt, Kritik an den Zwängen dieser Welt zu üben, hier die These von der Unwiderstehlichkeit des Neuen übernimmt, ohne ernsthaft zu fragen, worin deren Ursache liegt. In ähnlicher Weise könnte man auch von der Mode sprechen[14], deren Neuheit ebenso

---

[14] Die Kritik Peter Bürgers an Adornos Modebegriff geht in eine etwas andere Richtung: „Nicht unproblematisch ist auch die An-

unwiderstehlich ist und die sich auch, wie Fachleute oft beschwören, ändern muß, wenn bestimmte Möglichkeiten ausgeschöpft sind. Und sie kann ebenfalls nicht an den fortgeschrittensten Stoffen und Techniken vorbeigehen.

Gegen das eben angeführte Zitat muß man aber Adornos Ausführungen setzen, die er in den *Dissonanzen. Musik in der verwalteten Welt* im Zusammenhang mit der Tradition gemacht hat. Dort behauptet er, daß die „Musik insgesamt" nicht „vom jeweiligen Stand der gesellschaftlichen Produktivkräfte" getrennt werden kann. Die „scheinbar geschlossene Geschichte der Musik" reproduziere „in sich selber Strukturen und Gesetzmäßigkeiten der gesellschaftlichen Bewegung". Wie das aufzufassen ist, illustriert Adorno an den folgenden Beispielen: „Wer in Beethoven nicht die bürgerliche Emanzipation und die Anstrengung zur Synthese des individuierten Zustands vernimmt; nicht in Mendelssohn die entsagende Reprivatisierung des zuvor siegreichen allgemeinen bürgerlichen Subjekts; nicht in Wagner die Gewalt des Imperialismus und das Katastrophengefühl einer Klasse, die nichts anderes mehr vor sich sieht als das endliche Verhängnis der Expansion — wer all das nicht spürt, verkennt nicht nur als hartgesottener Spezialist die Wirklichkeit, in die große Musik verflochten ist und auf die sie reagiert, sondern auch ihre eigene Implikation; macht sich taub gegen ihren Sinn und bringt sie auf jenes Spiel tönend bewegter Formen herunter, als welches eine Ästhetik sie beschlagnahmte, der es bereits vor ihrem

---

sicht Adornos, der zufolge dem immer schnelleren Wechsel von Kunstrichtungen historische Notwendigkeit zukommt. Die dialektische Deutung der Anpassung an die Warengesellschaft als Widerstand gegen diese überspringt das Problem der irritierenden Übereinstimmung zwischen Konsummoden und dem, was man wohl Kunstmoden nennen muß" (*Theorie der Avantgarde*, Frankfurt 1974, S. 86).

Wahrheitsgehalt bangte. Vermittelt aber ist die Musik zur Gesellschaft durch die technischen Prozesse, in denen fortschreitende Rationalität konkret wird. Stets wieder empfängt die Kunst von gesellschaftlichen Produktivkräften ihre Impulse, die nicht geradewegs ihre eigenen sind und doch mit diesen konvergieren"[15]. Adorno erkennt mithin eine mittelbare Aufnahme der großen gesellschaftlichen Prozesse in das künstlerische Verfahren, deren Umsetzung in bestimmte Schaffensformen an. Dies konsequent zu Ende gedacht, müßte immer dann wesentlich Neues aufkommen, wenn sich die Grundtendenzen der gesellschaftlichen Entwicklung zu verwandeln beginnen oder sich bereits verwandelt haben. Eine solche Sicht kann Adorno jedoch nicht zum theoretischen Prinzip erheben, weil er sowohl die Moderne wie auch die neueste Geschichte als eine Einheit ansieht. Er unterteilt die bürgerliche Geschichte der letzten zwei Jahrhunderte nicht prinzipiell etwa in eine Epoche der bürgerlichen Ideale, eine des sich durchsetzenden Imperialismus und schließlich des zur Diktatur neigenden Staatsmonopolismus. Die Moderne läßt er mit Poe und Baudelaire im Zeitalter des aufsteigenden Kapitalismus beginnen und bis heute fortdauern, indem er diese Zeit als einen Prozeß der zunehmenden gesellschaftlichen Entfremdung und Herrschaft über die Massen interpretiert.

Den Zwang zum Neuen bzw. Modernen verbindet Adorno ferner mit dem Begriff der Produktivkräfte. Ein Kunstwerk kann nur dann modern sein, wenn es alle neuen technischen Möglichkeiten, die „avanciertesten Verfahrensweisen" ausschöpft, es mit anderen Worten einen Stand der „entfesselten Produktivkräfte" verkörpert. Das verleiht dem Kunstwerk in einer Zeit, in der die Produktionsverhältnisse die Produktivkräfte nicht zur Entfaltung kommen lassen, eine

---

[15] Theodor W. Adorno, *Dissonanzen. Musik in der verwalteten Welt*, Göttingen[5] 1972, S. 123 f.

gesellschaftskritische Spitze. „Vom Subjekt organisierte Kunstwerke vermögen, tant bien que mal, was die subjektlos organisierte Gesellschaft nicht zuläßt. . ." (7, 56). Die Kunst hat die Möglichkeit, etwas durchzuführen, was in der derzeitigen Gesellschaft nicht denkbar wäre, sie kann ihre Produktivkräfte frei entfalten, über die künstlerischen Produktionsmittel je nach Notwendigkeit oder auch je nach Belieben verfügen. Adorno versteht die Verfügbarkeit über die neuesten künstlerischen Mittel und die Entfesselung der künstlerischen Produktivkräfte hierbei nicht als einen Wettlauf mit der neuesten Technologie, wie wir ihn aus der spätkapitalistischen Industriegesellschaft kennen, wo eine Neuerung die andere überschlägt. Seiner Meinung nach sind die neuen künstlerischen Techniken so anzuwenden, daß sie als „Narben, die Stellen" zu erkennen sind, „an denen die voraufgegangenen Werke mißlangen" (7, 59). Das erinnert zwar sehr an die Methode der kapitalistischen Produktionsweise, alles Neue derart anzukünden, als habe es die Nachteile der vorhergehenden Konstruktionen beseitigen können, aber Adorno will die Erinnerung an das Mißlungene mehr inhaltlich verstanden wissen: als eine bessere Darstellung der Probleme und Widersprüche; obwohl er in dieser Hinsicht seine Leser nicht ganz zu überzeugen vermag, da er die Parallele zwischen künstlerischer und materieller Produktion nicht zu Ende führt, was wahrscheinlich unmöglich ist. In der materiellen Produktion geht es um die Herstellung einer Ware, die sowohl Gebrauchs- wie auch Tauschwert besitzt. Die künstlerische Produktion soll dagegen in Adornos Augen etwas hervorbringen, das um seinetwillen existiert, also keinen Tauschwert besitzt, und auch bar jedes Gebrauchswertes ist. Diese Forderung ist reine Illusion — deren sich auch Adorno bewußt ist —, in Wirklichkeit gehorcht auch die Kunstproduktion Marktgesetzen, die allerdings eine etwas andere Natur haben als die in der üblichen Konsumproduktion. Zu ihrer Besonderheit gehört, daß ein Kunstwerk das Merkmal der Originalität aufweisen muß, wenn es verkauft werden will. Ferner darf ein Künstler nicht das

System der Preisunterbietung anwenden[16], wenn er sein Werk nicht des Merkmals der angeblichen Einmaligkeit berauben will. Es wäre einmal lohnend, die spezifischen Merkmale des sogenannten Kunstmarktes (womit nicht nur der der bildenden Künste gemeint ist) zu untersuchen.

Adorno gibt neben der künstlerisch-technischen auch eine geschichtsphilosophische Begründung für die Notwendigkeit des Neuen in der modernen Kunst. Hochschätzung des Neuen ist erstens damit verbunden, daß sich alte Formen nie erneuern lassen, da sich sowohl die gesellschaftliche Lage wie auch die Entwicklung der Kunstformen verändert haben; zweitens damit, daß Tradition und Traditionsbewußtsein verlorengegangen sind. „In einer wesentlich nicht-traditionalistischen Gesellschaft ist ästhetische Tradition a priori dubios. Die Autorität des Neuen ist die des geschichtlich Unausweichlichen" (7, 39). Zu diesem Unausweichlichen gehört, daß die Gültigkeit des Überlieferten prinzipiell bezweifelt wird. Tradition ist kein Argument mehr für die Richtigkeit einer Sache, sondern eher etwas, was mißtrauisch stimmen muß: man könnte Meinungen unbesehen übernommen haben, einfach aus Trägheit, sie zu überprüfen. Ein gesondertes Problem ist unser Verhaftetsein an die Tradition, unter anderem durch die Sprache, wie Gadamer zu zeigen versucht hat, wobei er diesen Umstand sogar positiv auszulegen versucht[17]. Diese Sicht würde Adorno

---

[16] H. H. Holz, *Vom Kunstwerk zur Ware*, Neuwied und Berlin 1972, S. 24

[17] Siehe Hans-Georg Gadamer, Wahrheit und Methode, Tübingen ³1972, insbesondere den Teil III. Auch Adorno hat darauf verwiesen, daß der Schriftsteller schon durch die Sprache mit der Tradition verbunden sei, nur hat er dies nicht wertend gemeint (siehe *Ohne Leitbild. Parva Aesthetica*, a.a.O., S. 34). Von marxistischer Seite hat vor kurzem Robert Weimann in seinem Buch *Literaturgeschichte und Mythologie. Methodologische und historische Studien*, Berlin und Weimar 1972, das Problem der Tradition behandelt, wobei er sich mit Zofia Lissas Feststellung einverstanden erklärt, daß es eine „allgemeine Theorie der Tradition" bisher nicht gibt (siehe

nicht teilen. Nach seiner Meinung wäre es Aufgabe eines fortgeschrittenen Denkens, Mittel und Wege zu finden, die eine Befreiung von jeglicher Schablone gewährleisteten.

Völlig zu verwerfen ist Tradition als Gesinnung. Sie läßt nicht nur nichts Neues zu, sondern führt zum Tode des Gewesenen selber, da sie aus einem ehemals Gewordenen ein Seiendes macht. Sie vergißt, daß alle alten Kunstwerke auch einmal neue, manchmal sogar antitraditionalistische waren.

Ein ideales Verhältnis zur Tradition hätte Kunst wohl dann, wenn sie diese kündigen und ihr doch folgen würde, wie es Adorno einmal sinngemäß in seinem Essay *Tradition* ausdrückte. Es ließe sich auch auf die Formel bringen: Anknüpfung an die Tradition durch deren bewußte Negierung. Adorno illustriert diesen Gedankengang folgendermaßen: Hamlets Frage nach Sein oder Nichtsein nimmt moderne Literatur, man könnte auch sagen, moderne Kunst überhaupt, „so buchstäblich, daß sie die Antwort Nichtsein sich zutraut, die in der Tradition so wenig ihren Ort hatte wie im Märchen der Sieg des Ungeheuers über den Prinzen"[18]. Einige Sätze weiter erklärt er: „Dichtung errettet ihren Wahrheitsgehalt nur, wo sie in engstem Kontakt mit der Tradition diese von sich abstößt"[19].

Ein besonderes Problem in den letzten Jahrzehnten ist das schnelle „Altern des Neuen". In einer Zeit, in der Tradition nur noch sehr bedingt zum Bewußtsein gehört, zumindest was die westlichen Länder betrifft, schockiert das Neue nicht mehr, da es nicht als vom Alten abgehoben empfunden wird. Das Publikum erwartet bereits ein Jonglieren mit dem Material sowie einen Protest gegen das eben

---

ihren Aufsatz „Zur Theorie der Tradition in der Musik", in: *Kunst und Gesellschaft. Zum 25jährigen Bestehen des Henschelverlages*, Berlin 1970). Wichtig erscheinen mir auch Hans Heinz Holz' Erörterungen in dem Kapitel „Tradition und Traditionsbruch" (*Vom Kunstwerk zur Ware*, a.a.O., S. 66—86).

[18] *Ohne Leitbild*, a.a.O., S. 39
[19] ebenda S. 40

Gewesene. Auf diese Weise wird dem Avantgardistischen die Spitze genommen. Man hat auch oft den Eindruck, daß die Künstler sich dem Neuen nur deswegen überlassen, weil sie vom Alten bereits zu wenig wissen. Adorno hat diese Gefahren in seinem berühmten Vortrag *Das Altern der neuen Musik* aus dem Jahre 1954 erkannt. Obwohl es dort um Fragen der atonalen und neuesten punktuellen Musik wie der musikalischen Zeit geht, lassen sich viele Beobachtungen über die Musik hinaus verallgemeinern. Ähnliches ließe sich z. B. auch über das Altern der neuen Lyrik schreiben. Es ist mittlerweile das bekannte Problem des „Avantgardismus": wie avantgardistisch ist die jeweilige Avantgarde?[20] .

Damit will Adorno keineswegs einem Zurück zum Alten das Wort sprechen, sondern die Künstler davor warnen, nur mit den neuen Möglichkeiten zu spielen, ohne sich von einem Inhaltlichen leiten zu lassen. Dieser Weg könne schnell in die Barbarei führen[21] . Gleichzeitig würde ein ge-

---

[20] Symptomatisch war in dieser Hinsicht die Diskussion um den Begriff der Avantgarde in der polnischen Zeitschrift *Poezja* 9/1972 (Awangarda dziś). Zu Adornos Avantgardebegriff vgl. auch Peter Bürger, *Theorie der Avantgarde*, a.a.O., S. 81 f. und 121. — Gegen den Essay „Das Altern der Neuen Musik" könnte man übrigens Adornos Antwort auf die Umfrage „Musikalische Avantgarde — echt oder gemacht?" aus dem Jahre 1960 halten. Dort erklärt er sich wiederum für das avanciert Neue: „Daß es schlechte Neue Musik gibt, unterscheidet sie keineswegs von der älteren; schlecht freilich ist meist die gemäßigte, kompromißlerische, nicht die extreme... Die Frage nach der Qualität ist auch bei den avanciertesten Dingen weithin entscheidbar. Die Fälle, bei denen es schwerfällt, sollten erst recht gehört werden. Ich habe einmal vom Altern der neuen Musik gesprochen. Aber selbst wo sie Alterssymptome zeigt — in Wahrheit also nicht neu genug ist — taugt sie immer noch tausendmal mehr als jene Rauschebärte, die aus ihren Kyffhäusern kriechen, weil sie solche Kritik mit Morgenmief verwechseln" (in *Melos* 6/1960, S. 168).

[21] „Das musikalische Material bewegt sich überhaupt nicht unabhängig vom Gehalt des Kunstwerks: sonst ist die Barbarei erreicht" (*Dissonanzen*, S. 154).

nerelles Zurückweichen vor dem Risiko Kapitulation gleich-
kommen. Einstige Berufung auf Altbewährtes, die Sicherheit und Geborgenheit garantierte, ist trotz der oben genannten Gefahren zu einem Unding geworden. „Was sich
für gesichert hält, indem es vorm vermeintlichen Experiment
sich hütet, ist bedroht wie ein törichter Geizhals, der, um ja
sein Geld nicht zu verlieren, es in mündelsicheren Papieren
anlegt, die bei der nächsten Inflation am ehesten entwertet
werden. Todverfallen ist die Geborgenheit; Chance zu über-
leben hat einzig das Ungeschirmte, Offene"[22]. Die anti-
existentialistische Spitze ist hier eindeutig, die Heideggersche
Geborgenheit, von der in den fünfziger Jahren im deutschsprachigen Schrifttum des Westens soviel die Rede war,
wird, wie es einem „Modernen" gebührt, mit einer Handbe-
wegung abgetan. Nur kühnes Ausprobieren der sich erge-
benden künstlerischen Möglichkeiten, ein bis zum Ende
Durchdenken der theoretischen Implikationen und Protest
gegen die gesellschaftliche „Gängelei" im Werk selber kann
die Kunst und das Denken auf dem Stand des zeitgenössischen Bewußtseins halten. Es ist dasselbe Prinzip, das in
den Naturwissenschaften herrscht. Auf diese Tatsache hat
Adorno allerdings nicht hingewiesen, wahrscheinlich absichtlich, weil er die Naturwissenschaft als ein Instrument
der Herrschaft ansah, während er der Kunst die Rolle des
Sich-nicht-Identifizierens mit ihr auftrug.

In der *Ästhetischen Theorie* macht Adorno darauf aufmerksam, daß sich der Begriff des Experiments verändert
habe, was zugleich „exemplarisch für die Kategorien der
Moderne" sei. „Ursprünglich bedeutete er lediglich, daß der
seiner selbst bewußte Wille unbekannte oder nicht sanktio-
nierte Verfahrungsarten erprobt. Latent traditionalistisch
lag der Glaube zugrunde, es werde sich schon herausstellen,
ob die Resultate mit dem Etablierten es aufnähmen und sich
legitimierten. Diese Konzeption des künstlerischen Experiments ist zur Selbstverständlichkeit sowohl wie im Ver-

---

[22] ebenda S. 126

trauen auf Kontinuität problematisch geworden. Der experimentelle Gestus, Name für künstlerische Verhaltensweisen, denen das Neue das Verbindliche ist, hat sich erhalten, bezeichnet aber jetzt, vielfach mit dem Übergang des ästhetischen Interesses von der sich mitteilenden Subjektivität an die Stimmigkeit des Objekts, ein qualitativ Anderes: daß das künstlerische Subjekt Methoden praktiziert, deren sachliches Ergebnis es nicht absehen kann" (7, 42 f.). Adorno teilt nicht den Standpunkt Brechts, daß sowohl Wissenschaftler wie auch Künstler für die Folgen ihrer Experimente, Entdeckungen und Theorien verantwortlich sind. Adorno stimmt nicht in den Chor derjenigen ein, die bereit sind, einem Nietzsche, Schönberg oder Oppenheimer — um nur beispielshalber einige hervorragende Köpfe zu nennen — vorzuwerfen, daß sie indirekt zur Dehumanisierung der modernen Zivilisation beigetragen haben. Er verteidigt auf weiten Strecken die „Modernen" dieses Schlages, im konkreten Fall Nietzsche und Schönberg.

Experimentieren kann man nicht, ohne sich der Konstruktion zu bedienen. Zum Experiment gehören bewußte Anordnung der Ausgangspositionen und Neugier für die Folgen des einmal Begonnenen. Die Anordnung ist stets etwas Konstruiertes. Gemeint ist aber nicht eine Konstruktion, bei der dem Künstler bereits das Ergebnis im Geiste vorschwebt, sondern eine, die ins Ungewisse führt. „Der Begriff der Konstruktion, zur Grundschicht von Moderne gehörig, implizierte stets den Primat der konstruktiven Verfahrungsarten vor der subjektiven Imagination. Konstruktion necessitiert Lösungen, die das vorstellende Ohr oder Auge nicht unmittelbar und nicht in aller Schärfe gegenwärtig hat. Das Unvorhergesehene ist nicht nur Effekt, sondern hat auch seine objektive Seite. Das ist in eine neue Qualität umgeschlagen. Das Subjekt hat die Entmächtigung, die ihm durch die von ihm entbundene Technologie widerfuhr, ins Bewußtsein aufgenommen, zum Programm erhoben, möglicherweise aus dem unbewußten Impuls, die drohende Heteronomie zu bändigen, indem noch sie dem subjektiven Beginnen integriert, zum Moment des Produktionsprozesses wird" (7, 43). Es ist natürlich eine Frage, ob der Künstler seiner selbst mächtig bleibt, indem er „an die Heteronomie sich wegwirft", oder ob er damit „seine Abdankung ratifiziert". Moderne Musik, bildende Kunst, Malerei und Literatur, die den Zufall als ein Hauptelement in ihre Konstruktion aufnehmen, bewegen sich jedenfalls an der Grenze dessen, was man noch als Kunst bezeichnen kann. Das ergibt sich jedoch weniger aus ihrer Tendenz, wie Adorno suggeriert, dem Andersartigen sich zu stellen, sondern aus ihrer Suche nach einer neuen Funktion in der heutigen Gesellschaft, da sie durch Funk, Film, Fernsehen und die Industriekünste fast alle Positionen verloren haben, die sie einst innehatten.

Als ein „Signum aller Moderne" bezeichnet Adorno die Dissonanz (7, 29), die er mit Schauer, Furcht und Zittern verbindet[23]. Sie bringe „von innen her dem Kunstwerk zu, was die Vulgärsoziologie dessen gesellschaftliche Entfremdung" nenne (7, 30), um sich in der Konsequenz den sinnlichen Reizen der Fassade, dem Zwang zum Glücksgefühl und falscher Harmonie zu entsagen. 1938 meinte Adorno, daß das Asketische eines der Hauptmittel zu diesem Zweck sei: „Die Verführungskraft des Reizes überlebt dort bloss, wo die Kräfte der Versagung am stärksten sind: in der Dissonanz, die dem Trug der bestehenden Harmonie den Glauben verweigert. Der Begriff des Asketischen selber ist in der Musik dialektisch. Schlug ehedem Askese den ästhetischen Anspruch auf Lust reaktionär nieder, so ist sie heute zum

---

[23] Adornos Verbindung des Begriffs der Moderne mit Furcht und Zittern ist natürlich nicht zufällig, philosophisch beginnt bei ihm die Moderne im Grunde genommen bei Kierkegaard, über den er ja seine große Monographie verfaßt hat (*Kierkegaard. Konstruktion des Ästhetischen*). J. Dawydow weist in seinem Buch *Die sich selbst negierende Dialektik. Kritik der Musiktheorie Theodor Adornos* auf den Zusammenhang zwischen der Kierkegaardschen „qualitativen Dialektik" der Verzweiflung und der „spätkapitalistischen Gesellschaft" in Adornos Sicht hin (S. 60).

Siegel der progressiven Kunst geworden. Die antagonistische Gesellschaft, die verneint und bis in die innersten Zellen ihrer Glücksfeindschaft freigelegt werden muss, ist darstellbar allein in kompositorischer Askese"[24]. In der *Ästhetischen Theorie* betont er auch andere Möglichkeiten der Kunst standzuhalten, indem sie z. B. am Schwarzen, Häßlichen und Finsteren Lust findet, wie wir bereits weiter oben ausführten, die als Antithesen zum „Betrug der sinnlichen Fassade von Kultur" sinnlich wirken können.

Moderne Kunst ist stets die Kunst, die sich der „verwalteten Welt", der alles umfassenden Herrschaft, dem Zwang zu entziehen versucht; sie ist der Gegensatz zu der Welt des Immergleichen.

Sie könnte aber nicht ihr Gegensatz sein, wenn sie nicht zugleich Züge aufwiese, die an diese Welt erinnern würden. Das tut sie unter anderem dadurch, daß sie den Schein jeglicher Entwicklung aufgibt. „Chiffriert ist in der Moderne das Postulat einer Kunst, welche der Disjunktion von Statik und Dynamik nicht länger sich beugt. Indifferent gegen das herrschende Cliché von Entwicklung, sieht Beckett seine Aufgabe darin, in einem unendlich kleinen Raum, auf dem dimensionslosen Punkt sich zu bewegen. Das ästhetische Konstruktionsprinzip wäre als das von Il faut continuer jenseits von Statik; jenseits von Dynamik als auf der Stelle Treten, Einbekenntnis ihrer Vergeblichkeit. In Konkordanz damit bewegen alle konstruktivistischen Techniken der Kunst auf Statik sich hin. Das Telos der Dynamik des Immergleichen ist einzig noch Unheil; dem sieht Becketts Dichtung ins Auge" (7, 333).

Ein Ende der Moderne wäre, wenn man Adornos Sicht zum Ausgangspunkt nimmt, erst dann abzusehen, wenn das Ende der Warenwelt, der Entfremdung und Sinnlosigkeit überhaupt zu erhoffen wäre.

---

[24] *Zeitschrift für Sozialforschung*, a.a.O., Bd. VII, S. 325

XVII. Das Absurde

Adornos Theorie der Moderne gipfelt in der Überzeugung, daß das Absurde die einzig künstlerisch adäquate Form für die Zerrüttung dieser Welt ist. In einer Zeit, in der Auschwitz möglich gewesen ist, fällt es schwer, dem Weltlauf noch einen Sinn zu verleihen. Daran kann die Kunst nicht vorbei; sie muß sich der Krise des Sinns stellen, die durch die Möglichkeit des Weltuntergangs in einem Atomkrieg kein leeres Gerede ist. Dem Aspekt des Absurden kann keiner mehr ausweichen. „Die Kunstwerke, die allein sinnvoll sich legitimieren, sind jene, die gegen den Begriff des Sinnes am sprödesten sich zeigen"[1]. Die Kunst darf aber diese Krise nicht so darstellen, als sei Sinnlosigkeit der neue positive Sinn, das wäre ein Unterfangen, als schlüge jemand vor, es sich in der Hölle bequem zu machen. Das Absurde beruhe nicht darauf, die Abwesenheit jeglichen Sinns zu konstatieren — solche Stücke wären irrelevant, erklärt Adorno —, sondern über ihn zu verhandeln. Das Geniale an Becketts Stükken sei, daß sie, die Sinnlosigkeit darstellend, in „Sinn-Ähnlichem" terminieren (7, 231). Erst auf diese Weise sind wir zu einer tatsächlichen Auseinandersetzung mit dem Schwinden des Sinns in dieser Welt bzw. ihrer Sinnlosigkeit gezwungen. Auf den ersten Blick glauben wir einen Sinn erkennen zu können, aber nach eingehender Interpretation gelangen wir zu der Feststellung, daß es ihn in Wahrheit nicht gibt. Das *Endspiel* verstehen, schreibt Adorno, „kann nichts anderes heißen, als seine Unverständlichkeit ver-

---

[1] Theodor W. Adorno, „Jene zwanziger Jahre" in: *Merkur. Deutsche Zeitschrift für europäisches Denken*, 1/1962, Nr. 167, S. 49

stehen, konkret den Sinnzusammenhang dessen nachkon-
struieren, daß es keinen hat"[2].

Der Schein des Sinns wird durch eine teleologische
Organisation von Sinnzusammenhängen innerhalb des
Kunstwerks hervorgerufen. Davon zeugen sowohl die Werke
Kafkas wie auch Becketts. Ihre Helden vergeuden unsägliche
Mühe, um das gesetzte Ziel zu erreichen, ihre Tätigkeiten
als sinnerfüllte hinzustellen, doch alles endet in einem
Nichts, von dem Adorno sagen kann, daß es ein positives ist,
denn es ist nicht bar jeden Inhalts.

Dem Begriff der Absurdität begegnen wir bereits in der
Dialektik der Aufklärung. Dort heißt es unter anderem:
„Die Absurdität des Zustandes, in dem die Gewalt des
Systems über die Menschen mit jedem Schritt wächst, der
sie aus der Gewalt der Natur herausführt, denunziert die
Vernunft der vernünftigen Gesellschaft als obsolet"[3]. Zu
einem zentralen Begriff wird bei Adorno das Absurde bzw.
die Absurdität aber erst in dem *Versuch, das Endspiel zu
verstehen*, den er 1961 verfaßt hatte. Hier legt er Becketts
Stück als die Darstellung der möglichen Variante des Geschichtsverlaufs hin zu seinem Ende aus. Der ewige Gegensatz der Geschichte, die Natur, ist völlig verschwunden, der
Mensch hat sie sich gänzlich anverwandelt, mit dem Erfolg,
daß alles Leben ausgestorben ist, die Welt und die Menschen
sterilisiert worden sind. Der Untergang ist bereits eine Tatsache, mit der sich die beiden Helden abgefunden haben,
ohne sie überhaupt zu erwähnen. „Der im Stück gegebene
Zustand. . .ist kein anderer als der, in dem es ‚keine Natur
mehr gibt'. Ununterscheidbar die Phase der vollendeten Verdinglichung der Welt, die nichts mehr übrig läßt, was nicht
von Menschen gemacht wäre, die permanente Katastrophe,
und ein zusätzlich von Menschen eigens bewirkter Kata-
strophenvorgang, in dem Natur getilgt ward und nach dem
nichts mehr wächst:

---

[2] *Noten zur Literatur II*, a.a.O., S. 190
[3] *Dialektik der Aufklärung*, S. 38

Hamm: Sind deine Körner aufgegangen?

Clov: Nein.

Hamm: Hast du ein wenig gescharrt, um zu sehen, ob sie gekeimt haben?

Clov: Sie haben nicht gekeimt.

Hamm: Es ist vielleicht noch zu früh.

Clov: Wenn sie keimen müßten, hätten sie gekeimt, sie werden nie keimen"[4].

In einer solchen Welt der Naturlosigkeit[5] hat es auch keinen Sinn mehr von dem Einzelnen und der Unauflöslichkeit seiner Individualität zu sprechen. Die Existenz als solche hat ihre metaphysische Dimension verloren. Sie ist bei Beckett, wie Adorno meint, zu einem bloßen animalischen Dasein ohne jegliche Sinnhaftigkeit zusammengeschrumpft. Beckett „verlängert die Fluchtbahn der Liquidation des Subjekts bis zu dem Punkt, wo es in ein Diesda sich zusammenzieht, dessen Abstraktheit, der Verlust aller Qualität, die ontologische buchstäblich ad absurdum führt, zu jenem Absurden, in das bloße Existenz umschlägt, sobald sie in ihrer nackten sich selbst Gleichheit aufgeht. Kindische Albernheit tritt als Gehalt der Philosophie hervor, die zur Tautologie, zur begrifflichen Verdopplung der Existenz degeneriert, welche sie zu begreifen vorhatte. Lebte die neuere Ontologie von dem unerfüllten Versprechen der Konkretion ihrer Abstrakta, so wird in Beckett der Konkretismus der muschelhaft in sich verbackenen, keines Allge-

---

[4] *Noten zur Literatur II*, S. 193 f.

[5] Ulf Schramm wirft Adorno vor, daß er den Satz: „Es gibt keine Natur mehr" aus dem Kontext gerissen habe, denn in Wirklichkeit heißt es bei Beckett: „Keine Natur mehr! Du übertreibst. . . Wir atmen noch, wir ändern uns! Wir verlieren unsere Haare, unsere Zähne" (Ulf Schramm, „Kritik der Theorie vom ‚Kunstwerk als Negation'. Beobachtungen an Becketts ‚Endspiel' und an Bildern von Vasarely und Fontana" in: *Philosophisches Jahrbuch*, im Auftrage der Görres-Gesellschaft hsg. von Max Müller, Jg. 76, 2. Halbbd., München 1968/69, S. 361)

meinen mehr fähigen, in purer Selbstverletzung sich er-
schöpfenden Existenz offenbar als das Gleiche wie der Ab-
straktismus, der es zur Erfahrung nicht mehr bringt. Ontologie kommt nach Hause als Pathogenese des falschen Lebens"[6].

Mit dieser Polemik gegen die abstrakte, ahistorische Set-
zung eines authentischen Ichs, des Jaspersschen freien Wil-
lens, der aus dem tiefen Grund des unbedingten Selbst[7]
aufsteigt, oder des Sartre'schen Verurteilt-Seins zur Freiheit, um nur einige Varianten existentialistischen Denkens
anzuführen, hat Adorno einen Kern dieser philosophischen
Richtung getroffen; nur verwendet er im Grunde genommen
zwei verschiedene Argumente, die sich einander zu widersprechen scheinen. Einerseits beruft er sich auf die von
Beckett im *Endspiel* gestaltete Situation, in der jeglicher
Wille zur Freiheit, zur Verwirklichung des eigenen Ichs, oder
wie man es auch nennen mag, seinen Sinn verloren hat. Von
den ,,Invarianten des Existentialismus" bleibt ,,nichts übrig
als das Existenzminimum"[8]. Anderseits hält Adorno dem
Existentialismus entgegen, daß es kein authentisches, d. h.
historisch und gesellschaftlich unvermitteltes Sein gibt.
Beide Argumente scheinen sich zu widersprechen, sie tun
es aber insofern nicht, als jedesmal die Geschichte ein we-
sentliches Moment bildet: im ersten Fall ist es das Ende
der Geschichte, das zugleich das Ende jeglichen authentischen Daseins bedeutet, im zweiten Fall handelt es sich um
das gerade vom Marxismus aufgeworfene Problem des Menschen als eines gesellschaftlichen Wesens. Im ersten Fall
haben wir es mit der Aufgabe der Hoffnung auf eine Änderung der Welt zu tun: falsches Leben dringt zu Selbstver-
nichtung; im zweiten bestünde die Möglichkeit des richtigen

---

[6] *Noten zur Literatur II*, S. 195 f.

[7] vgl. den Aufsatz ,,Über die Gefahren und Möglichkeiten der Freiheit" von Karl Jaspers

[8] *Noten zur Literatur II*, S. 191

Lebens, wenn sich die Subjekte als Teile eines umzuge-
stalteten Ganzen begreifen könnten. Im *Versuch, das End-*
spiel zu verstehen läßt Adorno diese Möglichkeit nicht
durchschimmern. Er gerät hier in eine unlösbarere Situation
als der Existentialismus. Dieser kann wenigstens noch einen
Glauben an die Möglichkeit des Individuums, es selber zu
sein, hegen. Adorno verbleibt nur die vage Hoffnung, daß
sich vielleicht einmal bestimmte Ansätze herausbilden werden, die aus der allgemeinen Nivellierung herausführen.
Freilich kann man den zweiten Fall auch im Sinne der „intentionslosen Utopie" interpretieren, daß nämlich Adorno
sehr bewußt gegen die „Positivität" des Existentialismus die
Notwendigkeit der Darstellung der Negativität gesetzt hat,
da die Nennung oder Verbildlichung des Antlitzes der er-
wünschten Humanität der falscheste Weg wäre. Das Absurde
ist eben nicht nur darin begründet, daß das Unheil spätestens seit Auschwitz real geworden ist, sondern auch darin,
daß die Sehnsucht nach der Utopie nur noch durch die Ver-
hüllung des Antlitzes der Menschlichkeit ausdrückbar ist,
denn allzuviele haben das Wort Humanität im Munde, wobei
sie selber, wenn auch unbewußt, bereits der Unmenschlichkeit dienen[9].

Die moderne Kunst verfügt nach Adorno über keine anderen Mittel für die Verdeutlichung der Probleme der Menschheit als die des Absurden. Wo Kunst einem Besseren dienen
möchte, muß sie sich dem verschließen, was ihr vor Augen
schwebt. Kommunikation mit der Welt erreichen Kunstwerke nur, indem sie sich „der kommunikativen Mittel entschlagen" oder anders gesagt: „Die Kommunikation der
Kunstwerke mit dem Auswendigen... geschieht durch
Nichtkommunikation" (7, 15). Über den Weltuntergang
kann man nur sprechen, indem man ihn ungenannt läßt.
Gegen den Wortschwall der Massenkommunikationsmittel
und die Beredtheit der Institutionen ist die beste Waffe

---

[9] vgl. ebenda S. 199

Sprachlosigkeit oder unsinniges Geschwätz: „Anstatt zu trachten, das diskursive Element der Sprache durch den reinen Laut zu liquidieren, schafft Beckett es um ins Instrument der eigenen Absurdität, nach dem Ritual der Clowns, deren Geplapper zu Unsinn wird, indem er als Sinn sich vorträgt. Der objektive Sprachzerfall, das zugleich stereotype und fehlerhafte Gewäsch der Selbstentfremdung, zu dem den Menschen Wort und Satz im eigenen Munde verquollen sind, dringt ein ins ästhetische Arcanum; die zweite Sprache der Verstummenden, ein Agglomerat aus schnoddrigen Phrasen, scheinlogischen Verbindungen, galvanisierten Wörtern als Warenzeichen, das wüste Echo der Reklamewelt, ist umfunktioniert zur Sprache der Dichtung, die Sprache negiert"[10].

In seinem *Offenen Brief an Rolf Hochhuth* weist Adorno auf den Widerspruch hin, daß die Menschen einerseits „nach den Produktionsmethoden gemodelt werden" und damit ihre Individualität verlieren, „anderseits der Produktionsapparat nur um den Menschen da sein soll"; dem „Verfall von Individualität" wohne daher „ein widerspruchsvolles, wahrhaft Absurdes" inne. An dieser Tatsache lasse sich — auch wenn man die Individualität retten möchte — nicht vorbeisehen. In dieser Hinsicht sei gerade die absurde Literatur Vorbild. Sie verkörpere „ein richtiges Bewußtsein", betont Adorno in diesem Zusammenhang, was aber nicht bedeute, daß man den Prozeß der Liquidation der Individualität zu billigen habe[11].

Beispiele für die Unmöglichkeit, die moderne Welt als sinnvolles Ganzes zu sehen, Sinnvolles überhaupt zu finden und es als Bild darzustellen, ließen sich mehren. Aus allem ergibt sich Adornos tiefe Überzeugung, daß der Kunst nur noch der schmale Pfad des Absurden geblieben ist, das mit

---

[10]   ebenda S. 217 f.

[11]   Theodor W. Adorno, *Zur Dialektik des Engagements*, Frankfurt am Main 1973, S. 180 f.

dem Prinzip der negativen Dialektik fast deckungsgleich
ist.

Der späte Adorno neigt dazu, das Absurde als einen
Wesenszug der Kunst überhaupt anzusehen, es nimmt eine
ebenbürtige Stelle neben dem Enigmatischen ein. Diese
Tendenz erkennen wir u. a. daran, daß er in der *Ästhetischen Theorie* ohne jeglichen Vorbehalt das Inkommensurable in der Dichtung, von dem Goethe ja mehrmals gesprochen hat, mit dem Absurden gleichsetzt[12]. Durch das
Absurde als einem Bodensatz, den die Kunst enthält, ist
garantiert, daß sie sich nicht gänzlich in Begriffe auflösen
läßt. Dieses will zwar verstanden werden, aber kann es nur,
indem es unverständlich bleibt. „Aufgabe einer Philosophie
der Kunst ist nicht sowohl, das Moment des Unverständlichen, wie es unweigerlich fast die Spekulation versucht
hat, wegzuerklären, sondern die Unverständlichkeit selber
zu verstehen. Sie erhält sich als Charakter der Sache; das
allein bewahrt Philosophie der Kunst vor der Gewalttat
an jener. Die Frage nach Verstehbarkeit schärft sich aufs
äußerste gegenüber der aktuellen Produktion. Denn jene
Kategorie postuliert, soll nicht Verstehen ins Subjekt verlegt und zur Relativität verdammt werden, ein objektiv
Verstehbares im Kunstwerk. Setzt dieses den Ausdruck von
Unverstehbarkeit sich vor und zerrüttet in dessen Zeichen
das eigene Verstehbare von sich aus, so stürzt die über-
kommene Verstehenshierarchie zusammen. Ihren Platz
okkupiert die Reflexion des Rätselcharakters der Kunst.
Doch zeigt sich gerade an der sogenannten absurden Literatur — der Sammelbegriff ist viel zu Heterogenem aufge-

---

[12] Vgl. 7, 174 („Sprach Goethe vom Bodensatz des Absurden, dem
Inkommensurablen in jeder künstlerischen Produktion. . .“) und
7,506 („Auf die Frage wozu sie /die Kunst/ daseie, hätte sie keine
Antwort als den von Goethe so genannten Bodensatz des Absurden,
den alle Kunst enthalte“), und *Noten zur Literatur I*, S. 102

klatscht, als daß er zu mehr verhülfe als zum Mißverständnis behender Verständigung —, daß Verstehen, Sinn und Gehalt keine Äquivalente sind. Die Absenz von Sinn wird zur Intention; übrigens nicht überall mit derselben Konsequenz; einem Stück wie den Nashörnern von Ionesco läßt trotz der dem Menschenverstand zugemuteten Verwandlung der Menschen in Nashörner recht deutlich sich entnehmen, was man früher Idee genannt hätte: Widerstand gegen Geblök und standardisiertes Bewußtsein, dessen weniger das wohlfunktionierende Ich erfolgreich Angepaßter fähig sei als die mit der herrschenden Zweckrationalität nicht ganz Mitgekommenen. Die Intention aufs radikal Absurde dürfte entspringen im künstlerischen Bedürfnis, den Stand metaphysischer Sinnlosigkeit zu übersetzen in eine des Sinns sich entschlagende Kunstsprache, polemisch etwa gegen Sartre, bei dem jene metaphysische Erfahrung ihrerseits recht handfest subjektiv vom Gebilde gemeint wird. Der negative metaphysische Gehalt affiziert bei Beckett mit der Form das Gedichtete. Damit jedoch wird das Gebilde nicht zu einem schlechthin Unverständlichen; die begründete Weigerung seines Urhebers, mit Erklärungen angeblicher Symbole herauszurücken, ist der sonst gekündigten ästhetischen Tradtition treu. Zwischen der Negativität des metaphysischen Gehalts und der Verdunklung des ästhetischen waltet eine Relation, nicht Identität" (7, 516 f.). An dieser Relation hat philosophische Kunstinterpretation sich zu bewähren, muß sie beweisen, was ihre dialektischen Formen der Auslegung wert sind. Das reizte Adorno. Nur wenn der Begriff an dem begrifflich Unauflösbaren, dem Inkommensurablen und Absurden sich versucht, kann er seine Daseinsberechtigung rechtfertigen. In seinem *Versuch, das Endspiel zu verstehen* hat Adorno diesen Gedanken sehr klar ausgesprochen: „Das deutende Wort bleibt . . . unvermeidlich hinter Beckett zurück, während doch seine Dramatik gerade vermöge ihrer Beschränkung auf abgesprengte Faktizität über diese hinauszuckt, durch ihr Rätselwesen auf Interpretation verweist. Fast könnte man es zum Kriterium einer fälligen Philosophie machen, ob sie dem gewachsen sich zeigt"[13] .

---

[13] *Noten zur Literatur II*, S. 192. Dieses Zitat dient W. Martin Lüdke als Ausgangspunkt für eine interessante Interpretation der Funktion der Philosophie in Adornos Denken (*Text + Kritik*, Sonderband Th. W. Adorno, S. 137 ff.)

XVIII. Künstlerische Produktivkräfte und Produktionsverhältnisse

Adorno versteht unter den künstlerischen Produktivkräften nicht nur alles, was zur Schaffung des künstlerischen Produkts — vor allem die technisch-künstlerischen Verfahrensweisen — notwendig ist, sondern auch alle Voraussetzungen zu dessen Reproduktion, d. h. die Interpretation in der Musik, die Rezitation in der Poesie, die Aufführung im Theater, die massenweise Wiedergabe musikalischer Darbietung durch das Tonband, Funk und Fernsehen usw. Die Produktionsverhältnisse sind für ihn die „wirtschaftlichen und ideologischen Bedingungen", denen das künstlerische Schaffen unterliegt. Hierher gehören auch der Geschmack und die Mentalität des Publikums. Produktivkräfte und Produktionsverhältnisse beeinflussen sich gegenseitig, sind „vielfältig reziprok vermittelt". Adorno gibt folgende Beispiele: „Produktivkräfte können selbst in der gesellschaftlich partikulären Sphäre der Musik Produktionsverhältnisse verändern, in gewissem Grade sogar schaffen. Wandlungen des Publikumsgeschmacks durch große Produktion, abrupt etwa durch Wagner, unmerklich langsam in der Unterhaltungsmusik, in der trotz allem, verwässert und neutralisiert, die kompositorischen Neuerungen ihre Spuren hinterlassen, sind dafür das Modell. . . Zuweilen sprengen musikalische Produktivkräfte die im Geschmack sedimentierten Produktionsverhältnisse: so im Jazz, der die gesamte nicht synkopierte Tanzmusik aus der Mode verjagt und zum Erinnerungsstück degradiert hat"[1]. Und im nächsten Absatz schreibt er: „Umgekehrt vermögen Produktivkräfte zu

---

[1] T. W. Adorno, *Einführung in die Musiksoziologie. Zwölf theoretische Vorlesungen*, Reinbek 1968, S. 234 f.

fesseln; in der neueren Zeit ist das die Regel. Der musikalische Markt hat das Fortgeschrittene refusiert und dadurch
den musikalischen Fortschritt aufgehalten; kein Zweifel,
daß zahlreiche Komponisten, keineswegs erst seit der Mitte
des neunzehnten Jahrhunderts, durch den Zwang zur Anpassung das, wonach es sie eigentlich gelüstet, in sich selbst
unterdrücken mußten. Was, mit einem nachgerade schwer
erträglichen Ausdruck, Entfremdung von avancierter Produktion und Hörerschaft genannt wird, wäre auf seine gesellschaftlichen Proportionen zu bringen: als Entfaltung der
Produktivkräfte, die sich der Gängelung durch die Produktionsverhältnisse weigert und schließlich diesen schroff sich
entgegensetzt"[2]. Es kommt zu der paradoxen Situation, daß
der großen Masse von unentwickelten Kunstkonsumenten
eine kleine Zahl von fortschrittlichen, sprich modernen
Kunstproduzenten gegenübersteht.

Es ist auch möglich, daß die Produktionsverhältnisse die
Produktivkräfte steigern helfen. Beispielsweise wäre Richard
Strauß ohne „den Aufstieg des deutschen Großbürgertums
und seinen Einfluß auf Institutionen und Geschmack . . . nicht
denkbar". Oder: „Selbst die Autonomie der großen Musik,
durch welche sie dem Diktat des Marktes am nachdrück-
lichsten opponiert, hätte anders als über den Markt schwer-
lich sich ausgebildet"[3].

Man könnte Adornos Auffassung von der Rolle der Produktivkräfte und Produktionsverhältnisse an dem ökonomischen Modell von Marx messen, so wie es Jürgen Fredel in
seinem Aufsatz *Kunst als Produktivkraft. Kritik eines Fetischs am Beispiel der ästhetischen Theorie Th. W. Adornos*
getan hat[4], was jedoch wenig fruchtbar ist, da man zwar

[2] ebenda S. 235
[3] ebenda S. 236
[4] in: Müller, Bredekamp, Hinz, Fredel, Apitsch, *Autonomie der
Kunst. Zur Genese und Kritik einer bürgerlichen Kategorie*, Frankfurt 1972

zeigen kann, daß Adorno Marx schlecht anwendet und er vieles überspitzt, aber auf diese Weise verliert man die neuen eventuell fruchtbaren Momente, die sich aus den Ideen Adornos ergeben, aus den Augen.

Angesichts der seit einigen Jahren währenden Diskussion um solche Begriffe wie Rezeption, Avantgarde und Trivialität, um nur einige zu nennen, sollte man sich vielleicht auf den von Adorno eingeführten Begriff der künstlerischen Produktionsverhältnisse neu besinnen. Wenn wir nämlich in der Kategorie der Produktionsverhältnisse denken, müssen wir uns erst einmal über die Möglichkeiten oder Unmöglichkeiten bestimmter künstlerischer Produktionsweisen Klarheit verschaffen. Hierbei werden wir z. B. feststellen, daß viele Möglichkeiten wegen der herrschenden Produktionsverhältnisse nicht genutzt werden, was uns große Aufschlüsse über den Kunstbetrieb geben kann.

Auch der Begriff der künstlerischen Produktivkräfte könnte bei Analysen der Lage der Kunst in einem bestimmten Zeitabschnitt einiges hergeben. Ein besonderes Problem ist allerdings, ob Adornos Begriff der „entfesselten künstlerischen Produktivkräfte" konkrete Verwendung finden könnte. Er korrespondiert mit dem des „bewußten Verfügens über die künstlerischen Mittel". In der materiellen Produktion hindern die spätkapitalistischen Produktionsverhältnisse an einer bewußten, d. h. sinnvollen, humanen Anwendung der technischen Errungenschaften; dem Künstler sollen dagegen keine Schranken gesetzt sein, im Gegenteil, wenn er tatsächlich moderne Kunst schaffen will, ist er verpflichtet, über die avanciertesten technischen Mittel zu verfügen und sie rational einzusetzen, was unter anderem bedeutet, das Werk als Ganzes durchzuorganisieren. Eine Idee, die Adorno der Zwölftontechnik abgezogen hat und die sich wohl kaum auf die Kunst als Ganzes ausweiten ließe. Sie widerspricht auch der von ihm angeführten Tatsache, daß die Produktionsverhältnisse die Entfaltung der künstlerischen Produktivkräfte hemmen können.

XIX. Gebrauchs- und Tauschwert

„Die Rolle der Musik im gesellschaftlichen Prozeß ist ausschließend die der Ware; ihr Wert der des Marktes. Sie dient nicht mehr dem unmittelbaren Bedürfnis und Gebrauch, sondern fügt sich mit allen anderen Gütern dem Zwang des Tausches um abstrakte Einheiten und ordnet mit ihrem Gebrauchswert, wo immer er übrig sein mag, dem Tauschzwang sich unter"[1], schreibt Adorno in seinem Aufsatz *Zur gesellschaftlichen Lage der Musik* aus dem Jahre 1932. An die Stelle des Wortes Musik könnte man ohne Einschränkung Kunst setzen. Die Verwandlung der Kunstwerke in Waren, deren Hauptkennzeichen der Tauschwert ist, erfolgte durch die Kommerzialisierung und Industrialisierung der künstlerischen Produktion, was insbesondere in der Musik zu beobachten ist, wie Adorno feststellt. Bis zum Ende des 18. Jahrhunderts hatte die Reproduktion musikalischer Werke noch einen Einfluß auf die Produktion. Erst mit dem Sieg der bürgerlichen Klasse wurde das Werk in seiner Reproduktion Objekt des reinen Konsums. Dieser Prozeß erreicht im zwanzigsten Jahrhundert seinen Höhepunkt, als der Kunstbetrieb so gut wie ganz kommerzialisiert wurde, insbesondere nach dem Aufkommen von Funk, Film und Fernsehen. Überaus überzeugend zeigt Adorno, wie sich in der sogenannten leichten Musik das musikalische Werk immer mehr in eine reine Ware verwandelt, womit gemeint ist, daß sich der Produzent für einen wirklichen Gebrauchswert nicht mehr interessiert, sondern nur noch für die massenhafte Verbreitung des Produkts. Einen wirklichen Gebrauchswert hat das Kunstwerk nach Adorno nur dann, wenn es

---

[1] *Zeitschrift für Sozialforschung*, Bd. I, S. 103

etwas von der Not der Gesellschaft ausdrückt. Davon kann
bei der modernen Unterhaltungsmusik nicht die Rede sein,
sie bildet „einen einzigen Widerspruch" zur Gesellschaft,
„indem sie mit der Triebbefriedigung, die sie den Menschen gewährt, ihre Erkenntnis der Wirklichkeit fälscht,
von der Wirklichkeit sie abdrängt, sie aus der Geschichte,
der musikalischen wie gesellschaftlichen, herauslöst"[2].

Einst gab es eine gegenseitige Befruchtung der Kunst-
und Vulgärmusik. Noch bei Johann Strauß ist das Material
der letzteren nicht gänzlich vom kunstmusikalischen getrennt: „. . . seine Walzer lassen Raum zu harmonischer
Differenzierung, so wie sie thematisch aus kleinen, kon-
trastierenden, niemals leer wiederholten Einheiten gebildet sind, deren überraschende Verknüpfung den Reiz,
die ‚Pikanterie' des Straußischen Walzers ausmacht und ihn
zugleich mit der Tradition der Wiener Klassik verbindet, von
der er sich über den älteren Strauß, Lanner, Schubert her-
leiten mag. Es ist nun das entscheidende Faktum der Geschichte der neuen Vulgärmusik, daß der definitive Bruch,
die Preisgabe des Zusammenhangs mit der selbständigen Produktion, die Aushöhlung und Banalisierung der leichten
Musik selber genau zusammenfällt mit der Industrialisierung der Produktion. Die Autoren der leichten Musik wur-
den durch die ungemein scharfe Konkurrenz zur Massen-
produktion gezwungen; die arrivierten unter ihnen haben
dann, schon vor dem Krieg, sich zu Kompositionstrust zu-
sammengeschlossen, die im Salzkammergut sich niederließen
und in planvoller Zusammenarbeit mit Librettisten und
Theaterdirektoren Outsider und Neulinge fernhielten, durch
die Einengung der Produktion auf ihre eigene begrenzte
Zahl aber die Herstellung vor allem der Operetten bis zur
Zahl und Art der einzelnen ‚Nummern' normten; sie haben
zugleich von vornherein den Absatz ihrer Gebilde einkal-
kuliert, darum alle Schwierigkeiten vermieden, die das Be-

---

[2]   ebenda S. 371

halten und Nachsingen der Melodien verhindern könnten und denen das Wiener oder Pariser Bürgertum von 1880 noch gewachsen war. Musikalisch ist das Signal der Industrialisierung der Produktion die völlige Beseitigung aller Kontraste innerhalb der Melodien und die Alleinherrschaft der — selbstverständlich schon früher als Mittel zur Einprägung gehandhabten — Sequenz; der Walzer der ‚Lustigen Witwe' dürfte exemplarisch den neuen Stil statuiert haben, und der Jubel, mit dem das Bürgertum Lehars Operette begrüßte, ist dem Erfolg der ersten Warenhäuser zu vergleichen"[3]. Die Industrialisierung der leichten Musik nahm durch den Tonfilm zu, da dieser den muskalischen Einfall eliminierte. „Während noch ein Schlager wie ‚Valencia', um den Markt zu bezwingen, die Banalität seiner Sekundenschritte durch asymmetrische, ‚aparte' Metrik von anderen Banalitäten unterscheiden mußte, sind die durchrationalisierten kapitalistisch-arbeitsteiligen Fabriken der Tonfilmschlager solcher Mühe enthoben. Ihre Produkte dürfen aussehen und klingen wie sie wollen, sie werden ‚Erfolge'; die Hörer müssen sie nachsingen, nicht bloß weil die präziseste Maschinerie ohne Unterlaß sie ihnen einhämmert, sondern vor allem, weil das Tonfilmmonopol verhindert, daß andere Musikware überhaupt an sie herangebracht wird, die sie wählen könnten. Hier hat musikalisch der Monopolkapitalismus rein und extrem sich durchgesetzt und in Machwerken wie ‚Bomben auf Monte Carlo' seine Omnipotenz auch bereits politisch ausgewertet"[4].

Der Sieg des Tausch- über den Gebrauchswert führt in der Musik zu einer Verkümmerung des Hörens, wie Adorno in seinem Aufsatz von 1932 angedeutet und dann in dem Essay *Über den Fetischcharakter in der Musik und die Regression des Hörens* von 1938 ausgeführt hat. Er spricht dort

---

[3] ebenda S. 373 f.
[4] ebenda S. 374 f.

sogar von einem „infantilen Hören"[5] , das die moderne Un-
terhaltungsindustrie mit ihrem immergleichen Angebot bei
den Konsumenten „entwickelt" hat. Der Kunstkonsument
erwartet überhaupt nicht mehr einen Gebrauchswert: jedes
Werk, das seinem rückentwickelten stereotypen Geschmack
entspricht, ist ihm gut genug. Nicht mehr das Werk ist ent-
scheidend, sondern der Genuß, der da vermittelt werden
soll. Dadurch daß nun der Tauschwert über die Verbreitung
der Kunst entscheidet, hat sich ein Gebrauchswert ganz
anderer Art herausgebildet, der mit Gebrauch im Sinne der
Kunst nichts mehr gemein hat. In der *Dialektik der Aufklärung* heißt es daher: in der Kulturindustrie steht die
Kunst „so völlig unterm Tauschgesetz, daß sie nicht mehr
getauscht wird; sie geht so blind in Gebrauch auf, daß man
sie nicht mehr gebrauchen kann"[6] . Gemeint ist die Unterhaltungskunst, die uns Radio und Fernsehen ins Haus liefern,
ohne daß der Hörer oder Zuschauer mehr tun muß, als auf
einen Knopf zu drücken. Sie wird ihm direkt aufgezwungen,
und er hört auf, richtig hinzuhören.

Es gibt nach Adorno allerdings eine Art von Kunst, die
versucht, sich gegen das Prinzip des Tauschwerts aufzu-
lehnen oder besser sich ihm zu entziehen: die der Moderne.
In der Musik war es für Adorno die Zwölftonmusik eines
Schönberg, der es gelang, kompromißlos den wahren Zustand der Gesellschaft zu gestalten, ohne über das Auswendige auch nur ein Wort fallen zu lassen. Diese Kunst
verkörperte in einem gewissen Zeitabschnitt — um es zugespitzt in Kategorien Adornos zu formulieren — reinen Gebrauchswert. Erst nach dem zweiten Weltkrieg begann sich
der Markt auch ihrer anzunehmen, was Adorno nicht ohne
Schrecken wahrnahm.

---

[5] ebenda Bd. VII, S. 346
[6] *Dialektik der Aufklärung*, S. 145

XX. Technik und Material

Die Begriffe Technik und Material tauchen seit Ende des 19. Jahrhunderts immer häufiger in kunsttheoretischen und ästhetischen Abhandlungen auf. Die Technik brach nicht nur ins Alltagsleben, sondern auch in die Kunst ein. Künstler und Theoretiker standen im Bann der neuen Möglichkeiten.

Im Bereich der Poetik wurde „Technik" in der zweiten Hälfte des 19. Jahrhunderts zum Modewort, was man am besten daran erkennt, daß es in Buchtiteln zu finden ist. 1863 veröffentlicht beispielsweise Gustav Freytag die *Technik des Dramas*, 1883 kommen Spielhagens *Beiträge zur Theorie und Technik des Romans* heraus. Dilthey spricht immer wieder von der „poetischen Technik"[1]. Im zwanzigsten Jahrhundert ist der Begriff der Technik zu einem allgemein üblichen geworden. Man benutzt die Montagetechnik, Einlagetechnik, Technik der Verfremdung usw. Charakteristisch scheint mir Brechts Auffassung zu sein, daß man zwar allgemeinästhetische Gesetze und Regeln verwerfen, aber allen dichterischen Darstellungen von der Antike bis zur Gegenwart das Brauchbare absehen müsse. Diese Anschauung ließe sich als eine typisch technische bezeichnen. In diesem Sinne wäre auch die folgende Notiz zu verstehen: „Die Ansicht Anatole France', daß man für Romane keine Gesetze und Regeln anerkennen sollte, da sie zu alt dafür seien, muß man auch für Dramen propagieren. Dennnoch gibt es so etwas, wie Techniken, die man ernster nehmen muß"[2].

---

[1] vgl. hierzu Karol Sauerland, *Diltheys Erlebnisbegriff*, a.a.O., S. 103 ff.

[2] B. Brecht, *Schriften zur Literatur und Kunst*, Berlin 1966, Bd. II, S. 181 f.

Der junge Adorno hat die Begriffe Material und Technik
der zeitgenössischen Musiktheorie entnommen. Sie spielen
bereits in seinen musiktheoretischen und ästhetischen Reflexionen der zwanziger Jahre eine wichtige Rolle. Schon
damals sprach er von dem Zwang, ,,dem das Material uns
unterwirft"[3]. Material und Technik machen, wie er meint,
eine Eigenentwicklung in den einzelnen Künsten durch.
Material ist das, ,,womit die Künstler schalten: was an Worten, Farben, Klängen bis hinauf zur Verbindung jeglicher
Art bis zu je entwickelten Verfahrungsweisen fürs Ganze
ihnen sich darbietet: insofern können auch Formen Material
werden; also alles ihnen Gegenübertretende, worüber sie zu
entscheiden haben" (7, 222). Der Künstler kann aber nicht
alle Materialien und Verfahrensweisen verwenden. Sie sind
nicht etwas ,,naturhaft Gegebenes", sondern Produkt der
Zivilisationsgeschichte. Darüber hinaus ist ihre Verwendung
von der jeweiligen künstlerisch-geschichtlichen Konstellation abhängig. In der Zeit der Atonalität kann der Komponist schwer zu tonalen Gebilden zrückgreifen, ihm stehen
nicht ,,alle je gebrauchten Tonkombinationen heute zur
Verfügung"[4]. In der Lyrik waren gewisse Reime schon im
19. Jahrhundert verpönt, noch ehe der Reim selber problematisch wurde. Beispiele dieser Art ließen sich in großer
Zahl anführen.

Adorno schenkte dem Material und den Verfahrensweisen
nicht nur als Schönbergschüler und Anhänger der Zwölftontechnik so große Aufmerksamkeit, sondern auch als Ver-
fechter der Autonomie des Kunstwerks. Die wichtigsten
Probleme, die Künstler zu lösen haben, sind nicht inhaltliche, sondern technisch-formale: etwa die Auswahl und
Verwertung des Materials oder Anwendung bestimmter
Techniken, mit Hilfe derer das Material angeordnet wird.

---

[3] Theodor W. Adorno und Ernst Krenek, *Briefwechsel*, Frankfurt
am Main 1974, S. 13
[4] *Philosophie der neuen Musik*, S. 37

Das Kunstwerk kann man streng genommen nur dann verstehen, wenn man die vom Künstler gefundenen formal-technischen Lösungen zu erkennen vermag. Das ist aber nur möglich, wenn man diese mit anderen Verfahrensweisen der Vergangenheit und Gegenwart konfrontiert. Der Betrachter oder Hörer hat Kunst als einen Komplex von Korrespondenzen zwischen Werken und unterschiedlichen Techniken anzusehen. Bei der Entzifferung dieser Korrespondenzen nähert er sich der Auflösung des Rätsels, das das Kunstwerk aufgibt. „Technik ist die bestimmbare Figur des Rätsels an den Kunstwerken, rational und begriffslos in eins", schreibt Adorno in der *Ästhetischen Theorie.* „Sie erlaubt das Urteil in der Zone des Urteilslosen. Wohl komplizieren die technischen Fragen der Kunstwerke sich unendlich und sind nicht mit einem Spruch zu schlichten. Aber prinzipiell sind sie immanent entscheidbar" (7, 317). Adorno konstruiert so etwas wie einen hermeneutischen Zirkel: das Werk läßt sich nicht ohne Technik und die Technik nicht ohne das Werk verstehen. Er scheint jedoch den Akzent auf die Technik zu setzen. Im *Versuch über Wagner* lesen wir, daß „der Schlüssel jeglichen Gehalts von Kunst" in „ihrer Technik" liege[5], und in der *Philosophie der neuen Musik* heißt es: „. . . nichts als Auflösungen technischer Vexierbilder sind die Kompositionen. . ."[6].

Oft hat man den Eindruck, Adorno verabsolutiert die Rolle der Technik und des Materials im Kunstwerk, wenn er beispielsweise vom „objektiven Geist des Materials" spricht, das seinen „eigenen Bewegungsgesetzen" gehorcht, und meint, daß die „Auseinandersetzungen des Komponisten mit dem Material die mit der Gesellschaft" seien[7]. Diesen

---

[5] Theodor W. Adorno, *Versuch über Wagner.* [2]München/Zürich 1964, S. 135

[6] *Philosophie der neuen Musik,* S. 39

[7] ebenda S. 36, vgl. hierzu auch W. Burde, Versuch über einen Satz Th. W. Adornos, in: Humanität und Erziehung, Berlin 1971, S. 83 ff.

Verabsolutierungen kann man aber sowohl Sätze aus dem Kapitel „Kulturindustrie" in der *Dialektik der Aufklärung* wie auch Bemerkungen aus der *Philosophie der neuen Musik* und dem berühmten Essay *Vom Altern der Musik* entgegenhalten. Im erst genannten Buch schreiben die Verfasser zum Beispiel: „Einstweilen hat es die Technik der Kulturindustrie bloß zu Standardisierung und Serienproduktion gebracht und das geopfert, wodurch die Logik des Werks von der des gesellschaftlichen Systems sich unterschied"[8]. Und es sei verständlich, daß „sich das Interesse ungezählter Konsumenten an die Technik" hefte, nicht an die starr repetierten, ausgehöhlten und halb schon preisgegebenen Inhalte"[9]. Technik erfülle in der Kulturindustrie gerade eine gegensätzliche Funktion zur autonomen Kunst: sie dient nicht intensiver Perzeption, gedanklicher Anstrengung, sondern flüchtiger Aufnahme und der Ausbildung stereotyper Verhaltensweisen.

In der *Philosophie der neuen Musik* finden sich die Bemerkungen, daß die Zwölftontechnik die Musik fesselt, „indem sie sie befreit. Das Subjekt gebietet über die Musik durchs rationale System, um selber dem rationalen System zu erliegen. Wie in der Zwölftontechnik das eigentliche Komponieren, die Produktivität der Variation, ins Material zurückgeschoben ward, so ergeht es der Freiheit des Komponisten insgesamt. Indem sie sich in der Verfügung übers Material verwirklicht, wird sie zu einer Bestimmung des Materials, die sich dem Subjekt als entfremdete gegenübersetzt und es ihrem Zwang unterwirft. Hat die Phantasie des Komponisten das Material dem konstruktiven Willen ganz gefügig gemacht, so lähmt das konstruktive Material die Phantasie. Vom expressionistischen Subjekt bleibt die neusachliche Unterwürfigkeit unter die Technik"[10]. An

---

[8] *Dialektik der Aufklärung*, S. 109

[9] ebenda S. 122

[10] *Philosophie der neuen Musik*, S. 64

anderer Stelle verteidigt Adorno jedoch dieses Dilemma, da die Musik kein anderes Bild entwerfen könne, als es die Gesellschaft darbietet, d. h. das Bild der totalen Regression[11].

In dem Essay *Vom Altern der Musik*, wirft Adorno den modernen Komponisten vor, sie hätten die Tendenz, „die Musik auf die nackten Vorgänge im Material" zu reduzieren. „Vernarrtheit ins Material", schreibt er, „bei Blindheit gegen das, was daraus gebildet wird, resultierend aus der Fiktion, das Material rede selber, einem gleichsam verrohten Symbolismus. Wohl redet Material, doch erst in den Konstellationen, in welche das Kunstwerk es setzt: das Vermögen dazu, nicht die bloße Erfindung einzelner Klänge, hat die Größe Schönbergs vom ersten Tage an ausgemacht. Die überwertige Idee des Materials jedoch, die sich zäh am Leben erhält, verleitet dazu, jenes Vermögen, wofern man es hat, zu opfern und zu glauben, die Aufbereitung musikalischer Urstoffe wäre eins mit der Musik"[12]. Die zeitgenössischen Tonsetzer geben, indem sie sich völlig dem Material unterwerfen, ihre Individualität auf: das Material beherrscht sie, anstatt es zu beherrschen. Sie übersehen bei ihrem Konstruktivismus vor allem die Zeitverhältnisse, wie Adorno behauptet. Etwas anderes ist die Komposition auf dem Papier, etwas anderes als dargebotenes Werk.

Aber trotz aller Polemik gegen den Materialfetischismus in der neuesten Musik kann sich Adorno von seinem eigenen Glauben an den Zwang und die Kraft des Materials nicht freimachen, denn sonst hätte er nicht erklären können, daß „die Expansion des musikalischen Materials selbst bis zu einem Äußersten vorgestoßen" sei[13]. An die Verwendung

---

[11] ebenda S. 103

[12] *Dissonanzen*, S. 146

[13] ebenda S. 147. Auch Dieter Hoffmann-Axthelm ist der Meinung, daß „die Geschichte des ästhetischen Materials abgebrochen" sei (*Theorie der künstlerischen Arbeit*, Frankfurt am Main 1974, S. 125), aber er zieht daraus gänzlich andere Schlüsse als Adorno.

anderer, bis dahin nicht als musikalisch anerkannter Materialien kann Adorno, der klassisch Gebildete, nicht recht
glauben. Die elektronische Musik etwa lehnt er ab, da sie
monoton wirke, sie dem „Zwang zur Nivellierung und
Quantifizierung" unterliege. Zugespitzt formuliert, sieht
Adorno ein Ende der musikalischen Kunstperiode, das —
wie er selbst hervorhebt —, gerade mit der Neuen Musik in
den zwanziger Jahren eingeleitet worden war[14]. Jetzt hätten
sich die „Möglichkeiten neuer Klänge innerhalb des Bereichs
der zwölf Halbtöne der temperierten Stimmung virtuell
erschöpft. . . Kein Klang heute könnte so leicht mehr den
Anspruch des nie Gehörten anmelden. Ginge ein unersätt-
licher Komponist auf die Suche danach, so verfiele er jener
Ohnmacht, die immer sich einstellt, sobald das Material
nicht mehr aus Zwang sich erweitert, sondern neuen Reiz-
mitteln zuliebe gleich einem Lager durchmustert wird. Die
Unverbindlichkeit des musikalischen Radikalismus heute,
die Billigkeit des Kühnen ist die unmittelbare Folge dessen,
daß die absolute Grenze des geschichtlichen Tonraums der
abendländischen Musik erreicht scheint, daß jedes erdenk-
liche klangliche Einzelereignis wie bereits vorgesehen, ein-
geplant wirkt, während den Tonraum selber zu sprengen
bis heute weder ein starker Impuls sich regt noch auch bloß
die Fähigkeit sich zeigt, außerhalb jenes Raumes spontan zu
hören"[15]. Adorno wäre natürlich nicht Adorno, wenn er
nicht gleichzeitig ein „Licht in der Nacht" entdecken würde,
das die Hoffnung auf eine Wandlung wachhält: „An der Zeit
wäre eine Konzentration der kompositorischen Kraft in
veränderter Richtung; nicht bloß auf die bloße Organisation des Materials hin, sondern auf das Komponieren wahr-

---

[14] Stefan Morawski ist der Ansicht, daß Adornos ästhetische Reflexionen Hegels Idee vom Ende der Kunstperiode verpflichtet
seien („Czytanie Adorna" in: *Miesięcznik Literacki* 10/1974, S.
61.)
[15] *Dissonanzen*, S. 147 f.

haft kohärenter Musik mit dem wie immer auch entqualifizierten Material"[16].

Zunehmende ästhetische Materialbeherrschung bedeutet in gewisser Hinsicht Fortschritt, den Adorno nicht für die Geschichte, aber die Kunst anerkennt. „Weil es in der Welt noch keinen Fortschritt gibt, gibt es einen in der Kunst. . ." (7, 310). Der künstlerische Fortschritt hat eine „differenziertere ästhetische Erfahrung"[17] zur Folge, was die Kunstentwicklung in Gegensatz zur gesellschaftlichen setzt. Der technische Fortschritt in der Gesellschaft ist mit einer immer größer werdenden Erfahrungsarmut verbunden.

Den Fortschritt in der Kunst darf man aber nicht dahin interpretieren, daß ein neues Werk qualitativ besser sei als ein älteres, welches noch nicht die neueren Errungenschaften kennt. „Was in der Malerei von Giotto und Cimabue bis zu Piero de la Francesca an Mitteln gewonnen ward, kann nur Blindheit abstreiten; daraus zu folgen, die Bilder Pieros wären besser als die Fresken von Assisi, wäre schulmeisterlich" (7, 313). Kunstwerke verschiedener Zeiten lassen sich nicht wertend vergleichen.

Es ist sogar möglich, daß „fortschreitende Materialbeherrschung" durch „Verluste in der Materialbeherrschung" bezahlt werden. Wie stets hat Adorno ein Beispiel aus der Musikgeschichte zur Hand. „Die nähere Kenntnis der ehedem als primitiv abgefertigten exotischen Musiken spricht dafür, daß Mehrstimmigkeit und Rationalisierung der abendländischen Musik — beides voneinander untrennbar —, die ihr all ihren Reichtum und all ihre Tiefe öffneten, das Differenzierungsvermögen, das in minimalen rhythmischen melodischen Abweichungen der Monodie lebendig ist, abstumpfte; das Starre, für europäische Ohren Monotone der exotischen Musiken war offenbar die Bedingung jener

---

[16] ebenda S. 148
[17] H. Paetzold, *Neomarxistische Ästhetik II*, a.a.O., S. 49

Differenzierung. Ritualer Druck hat das Differenzierungsvermögen in dem schmalen Bereich gestärkt, wo es geduldet
war, während die europäische Musik, unter geringerem Druck
solcher Korrektive weniger bedurfte" (7, 314). Dafür habe
aber die europäische Musik volle Autonomie erlangt und
sich somit überhaupt erst als Kunst herausgebildet.

Der Fortschritt hat auch in der Kunst seinen Preis. „Das
krasseste Symptom jenes Preises, die absinkende Authen-
tizität und Verbindlichkeit, das anwachsende Gefühl des Zufälligen ist mit dem Fortschritt der Materialbeherrschung als
der ansteigenden Durchbildung des je Einzelnen unmittelbar identisch. Ungewiß, ob solcher Verlust tatsächlich ist
oder Schein" (7, 315). Adorno neigt dazu, diesen Verlust
zugleich als einen Gewinn anzusehen. Erstens „zergeht"
der intimen Erfahrung „authentischer neuer Kunst" das
„Gefühl der Kontingenz", zweitens drücke diese Kunst
einen hohen Grad von Individualität, Freiheit, Mündigkeit
und Bewußtheit aus. Je stärker diese Merkmale ausgeprägt
sind, desto größer der künstlerische Fortschritt. Er erläutert
dies in der *Ästhetischen Theorie* an Bach und Beethoven.
„Ob die Materialbeherrschung bei Beethoven über die Bachs
hinaus fortschritt, darüber ist endlos zu disputieren; von
diesem und jenem wird das Material nach verschiedenen
Dimensionen vollkommener gemeistert. Die Frage, wer von
beiden höher rangiere, ist müßig; nicht die Einsicht, daß die
Stimme der Mündigkeit des Subjekts, Emanzipation vom
Mythos und Versöhnung mit diesem, also der Wahrheitsgehalt, bei Beethoven weiter gedieh als bei Bach. Dies Kriterium überflügelt jegliches andere" (7, 316).

Man müßte meinen, daß sich die Filmkunst ganz besonders
für eine technologische Betrachungsweise im Sinne Adornos
eignet. Gerade hier hegt er große Zweifel. Erstens falle es
schwer, „zwischen den beiden Bedeutungen von Technik
so strikt zu unterscheiden, wie etwa in der Musik, wo bis
zur Elektronik eine immanente Technik — die stimmige
Organisation des Gebildes — von der Wiedergabe — den

Mitteln der Reproduktion — sich abhob"[18]. Zweitens sei es
„unmöglich. . ., aus der Filmtechnik als solcher Normen
herauszulesen". So werde die von Kracauer beobachtete
Norm, „die der Konzentration auf bewegte Objekte" bei
Antonionis *La Notte* „provokativ ausgeschaltet"[19]. Deswegen werde die Ästhetik des Films „eher auf eine subjektive
Erfahrungsform rekurrieren müssen, der er /der Film/,
gleichgültig gegen seine technologische Entstehung, ähnelt
und die das Kunsthafte an ihm ausmacht. Wer etwa, nach
einem Jahr in der Stadt, für längere Wochen im Hochgebirge
sich aufhält und dort aller Arbeit gegenüber Askese ausübt,
dem mag unvermutet widerfahren, daß im Schlaf oder
Halbschlaf bunte Bilder der Landschaft wohltätig an ihm
vorüber oder durch ihn hindurch ziehen. Sie gehen aber
nicht kontinuierlich ineinander über, sondern sind in ihrem
Verlauf gegeneinander abgesetzt wie in der Laterna magica
der Kindheit. Diesem Innehalten in der Bewegung verdanken die Bilder des inneren Monologs ihre Ähnlichkeit mit der
Schrift: nicht anders ist auch diese ein unterm Auge sich
Bewegendes und zugleich in ihren einzelnen Zeichen Still-
gestelltes. Solcher Zug der Bilder dürfte zum Film sich
verhalten wie die Augenwelt zur Malerei oder die akustische
zur Musik. Kunst wäre der Film als objektivierende Wieder-
herstellung dieser Weise von Erfahrung"[20]. Adorno steigert

---

[18] *Ohne Leitbild*, S. 81; dagegen unterscheidet Adorno in *Komposition für den Film* zwei Bedeutungen von Technik: „Auf der einen
Seite bedeutet Technik im Film soviel wie industrielle technische
Verfahren zur Herstellung von Waren. Die Erfindung etwa, daß
man Bild und Klang auf denselben Streifen aufnehmen kann, gehört prinzipiell auf die gleiche Ebene wie die Erfindung der pneu-
matischen Bremse. Der andere Begriff der Technik ist aus dem
ästhetischen Bereich übernommen. Er bezeichnet die Verfahrungsweisen, durch die eine künstlerische Intention adäquat dargestellt
wird" (15, 19).
[19] *Ohne Leitbild*, S. 81
[20] ebenda S. 81 f.

sich hier ähnlich wie einst Hegel in Spekulationen.

Zu Recht stellt er dagegen fest, daß die „photographische Technik des Films, primär abbildend, . . . dem zur Subjektivität fremden Objekt mehr an Eigengeltung" verschafft, „als die ästhetisch autonomen Verfahrungsarten. . .". Daher sei keine absolute Konstruktion wie in anderen Künsten erlaubt, die einzelnen Elemente des Films „behalten etwas Dinghaftes, sind keine reinen Valeurs"[21]. Durch diesen Unterschied rage „die Gesellschaft ganz anders, weit unmittelbarer vom Objekt her, in den Film hinein als in avancierte Malerei oder Literatur. . . Die Ästhetik des Films ist darum immanent, vermöge ihrer Stellung zum Objekt, mit Gesellschaft befaßt. Keine Ästhetik des Films, auch keine rein technologische, die nicht seine Soziologie in sich einschlösse"[22]. Die soziologische Seite eines Elements des Films, nämlich der Filmmusik, hat Adorno sehr genau in der zusammen mit Hanns Eisler verfaßten Schrift *Kompositionen für den Film* analysiert. Sie ist zweifellos ein Meisterwerk der „technologischen Betrachtungsweise".

---

[21] ebenda S. 83
[22] ebenda S. 83 f.

XXI. Kunst und Realität

Kunst hat eine doppelte Aufgabe: einerseits muß sie eine eigene Welt schaffen, die sich von der empirischen Realität, die „zum Inbegriff der Herrschaft" (7, 379) geworden ist, abhebt, anderseits soll sie indirekt gegen diese opponieren, in sie „hineinfallen"[1]. Das ist möglich, indem der Künstler Bilder schafft, die frei von aller uns bekannten Wirklichkeitsvorstellung sind und doch uns erschrecken lassen, da wir meinen, diese trostlose Welt nur zu gut zu kennen. Kafka und Beckett sind hierfür Adornos Kronzeugen.

Kunst ist nicht fähig, sich völlig von der Realität zu befreien, was gerade moderne Kunstbestrebungen, dem Schein sich zu entschlagen, unter Beweis stellen. Solch eine Bestrebung manifestierte etwa das happening. Adorno erkennt derartige Versuche zwar als legitim an, findet aber, daß sie scheitern müssen. „Offenbar ist der immanente Scheincharakter der Werke von einem Stück wie immer auch latenter Nachahmung des Wirklichen, und darum von Illusion, nicht zu befreien. Denn alles, was die Kunstwerke an Form und Materialien, an Geist und Stoff in sich enthalten, ist aus der Realität in die Kunstwerke emigriert und in ihnen seiner Realität entäußert: so wird es immer auch zu deren Nachbild. Noch die reinste ästhetische Bestimmung, das Erscheinen, ist zur Realität vermittelt als deren bestimmte

---

[1] „Der Doppelcharakter der Kunst als eines von der empirischen Realität und damit dem gesellschaftlichen Wirkungszusammenhang sich Absondernden, das doch zugleich in die empirische Realität und die gesellschaftlichen Wirkungszusammenhänge hineinfällt, kommt unmittelbar an den ästhetischen Phänomenen zutage" (7, 374 f.).

Negation. Die Differenz der Kunstwerke von der Empirie, ihr Scheincharakter, konstituiert sich an jener und in
der Tendenz gegen sie" (7, 158). Die Realität ist gleichsam
ein dialektisch aufzuhebender Gegenpol.

Eine Widerspiegelungstheorie, wie sie Lukács zu entwik-
keln versuchte, ist Adorno zutiefst fremd. Seine heftige
Polemik gegen ihn ist allerdings mehr aus biographischen
Gründen zu verstehen als aus einer echten Notwendigkeit,
wenn man den Zeitpunkt bedenkt, zu dem der Essay *Er-
preßte Versöhnung* entstand und abgedruckt wurde. Auch
der Anlaß, das Erscheinen des Buches *Wider den mißver-
standenen Realismus*, war nicht gerade der günstigste. Gerade in diesem Buch war Lukács von seiner apodiktischen
Haltung, die er in den vierziger und zu Beginn der fünfziger
Jahre vertrat, stark abgerückt.

Realismus hieß für Lukács eine unmittelbare bildhaft-
künstlerische Darstellung der Wirklichkeit in ihrer Totalität. Adorno meint, daß mit Hilfe dieser Methode oder Dar-
stellungsart nicht einmal potentiell die Existenz einer anderen Welt angedeutet werden könnte. Er übergeht hierbei bewußt Lukács' Ausgangspunkt, seine Theorie der Entwicklung der Gesellschaft. Realistisch ist nach Lukács der Künstler, der es versteht, in seinem Werk die Perspektive des
Geschichtsverlaufs anzudeuten. Adorno erscheint die Lukács'sche Perspektivtheorie überaus zweifelhaft. Wenn schon
jemand eine Perspektive der gesellschaftlichen Entwick-
lungstendenzen aufzuzeigen habe, so sei das die Aufgabe
der Sozialwissenschaftler. Lukács übersehe gründlich den
Unterschied zwischen wissenschaftlicher und künstlerischer
Erkenntnis. Er „vereinfacht die dialektische Einheit von
Kunst und Wissenschaft zur blanken Identität, so als ob die
Kunstwerke durch Perspektive bloß etwas von dem vor-
wegnähmen, was dann die Sozialwissenschaften brav ein-
holen. Das Wesentliche jedoch, wodurch das Kunstwerk als
Erkenntnis sui generis von der wissenschaftlichen sich unterscheidet, ist eben, daß nichts Empirisches unverwandelt
bleibt, daß die Sachgehalte objektiv sinnvoll werden erst als

mit der subjektiven Intention verschmolzene"[2]. Lukács'
Perspektivtheorie ist Adorno auch deswegen fremd, weil sie
voraussetzt, daß es einen historischen Fortschritt gibt.
Adorno leugnet die Möglichkeit des historischen Fortschritts zwar nicht generell, er ist etwas Ersehenswertes,
aber in Wahrheit seien überall Repression und Regression
zu beobachten.

Besonders scharf verurteilt er Lukács' Glauben, daß unmittelbare Wiedergabe der Wirklichkeit heute noch etwas
über ihr Wesen aussagen könne. Hierbei beruft er sich auf
Brechts Worte, die unter anderem Benjamin in Umlauf
gebracht hatte, daß die Realität in die Funktionale abge-
rutscht sei. Wenn die Welt von einer „universalen Entfremdung und Selbstentfremdung"[3] beherrscht ist, wird jede
konkrete unmittelbare Darstellung nur auf eine Petrifika-
tion dieses Zustandes hinauslaufen. Einzig durch ein abstraktes Äquivalent im Kunstwerk ließe sich die notwendige Distanz herstellen.

Vorstellbar wäre allerdings eine reportageartige Literatur, die sich moderner Montage- und Schnittechnik bedient
und deren Ziel es ist, bestimmte gesellschaftliche Mechanismen aufzudecken. Man denke an die Versuche zu Beginn
der dreißiger Jahre, die Reportagen eines Wallraff und die
Dokumentarliteratur insgesamt. Diese Art von Literatur
haben aber sowohl Lukács wie auch Adorno zurückgewie-
sen. Beide sind Anhänger der großen Dichtung oder hohen
Literatur. Nur diese ist ästhetisch diskutabel. Reportage und
Bericht sind für sie keine literarischen oder künstlerischen
Gattungen. Lukács kann sie auch aus philosophischen Gründen nicht akzeptieren. Von den Kategorien Wesen und Erscheinung ausgehend, findet er, daß diese Darstellungsweisen nur die äußeren Erscheinungen wiedergeben können.
Über die tatsächlichen grundsätzlichen sozialen Widersprüche
und deren Lösungen vermögen sie nur wenig auszusagen.

---

[2] *Noten zur Literatur II*, S. 168
[3] *Noten zur Literatur I*, S. 64

Der Leser ist nicht imstande, Wesen und Erscheinung in ihrer dialektischen Einheit nachzuvollziehen[4].

Adorno verwirft Reportage und Bericht prinzipiell, weil sie seiner Auffassung von Kunst widersprechen, die die Realität in sich aufsaugt, ohne sie selber konkret greifbar in Erscheinung treten zu lassen. Diese Darstellungsweisen lassen sich nicht mit einer Kunst vereinbaren, die Anspruch auf Autonomie erhebt. In ihnen spürt man nicht, daß ein Anderes gemeint ist.

Während Adorno die modernen Dichtungen eines Kafka, Proust, Joyce und Beckett zum Ideal erhebt, ihnen nachsagt, daß sie „den heute einzig menschenwürdigen Ruhm (genießen): alle schaudern davor zurück und doch kann keiner sich ausreden, daß die exzentrischen Stücke und Romane von dem handeln, was alle wissen und keiner wahr haben will"[5], lehnt Lukács diese Autoren als nicht realistische ab. Bei aller Anerkennung ihrer poetischen Kraft vermißt er bei ihnen die Gestaltung des „Gesamtkomplexes der Wirklichkeit". Sie erfassen diese nur abstrakt: in ihrem Schein, anstatt in ihrem Wesen: in ihrem Stillstand, anstatt in ihrer Bewegung. Zu diesem Schluß kommt Lukács dadurch, daß er vom Inhaltlichen ausgeht. Für Adorno ist hingegen die Form das Primäre. „Nur in der Kristallisation des

---

[4] Vgl. hierzu W. Mittenzwei, Marxismus und Realismus. Die Brecht-Lukács-Debatte, in: *Sinn und Form*, 19. Jg. (1967), Nr. 1 (er wirft Lukács eine versöhnlerische Auslegung des Widerspruchs zwischen Wesen und Erscheinung vor); Helga Gallas, *Marxistische Literaturtheorie*, Neuwied und Berlin 1971, S. 126 ff. und 170 f. sowie Christian Fritsch und Peter Rütten „Anmerkungen zur Brecht-Lukács-Debatte" in: *Rhetorik, Ästhetik, Ideologie. Aspekte einer kritischen Kulturwissenschaft*, Stuttgart 1973, S. 142 ff.

[5] *Noten zur Literatur III*, S. 129. Das „sie" in dem Zitat ist übrigens nur auf die Werke von Beckett bezogen.

eigenen Formgesetzes, nicht in der passiven Hinnahme der Objekte konvergiert Kunst mit dem Wirklichen"[6] , schreibt er in seinem Essay gegen Lukács.

Diese unterschiedliche Bewertung entspringt unter anderem den andersartigen Ansprüchen, die beide an die Wirkungsweise und Aufnahme des Kunstwerkes stellen. Während Lukács der Meinung ist, daß unmittelbare Nacherlebbarkeit des Dargestellten und Vermittlung von wesentlichen Erkenntnissen über die Wirklichkeit und ihre Entwicklung zu den grundlegenden ästhetischen Wertkategorien eines künstlerischen Werkes gehören, fragt sich Adorno, inwieweit ein Kunstwerk in den Kunstbetrieb lückenlos sich einreihen läßt und inwieweit es eine Akzeptierung der allgemeinen Entfremdung bedeutet. Nur wenn es sich sowohl dem einen wie auch dem anderen zu entziehen vermag, es weder zum einfachen Konsumartikel noch zu einem Bestandteil der Dingwelt erniedrigt werden kann, verdient es den Namen „authentisches Kunstwerk". Ein Kunstwerk hat die Realität zu kritisieren, indem es diese nicht in ihrer Dinghaftigkeit gelten läßt, so wie das realistische Werke im Sinne von Lukács tun. Dies kann es aber nur erreichen, wenn es das Objekt künstlerisch subjektiviert und es sich von dem „unversöhnten draußen" absetzt. Adorno nennt diesen Widerspruch die „negative Erkenntnis" der Realität. In ihr sieht er die wesentliche Aufgabe des Kunstwerks. Lukács Konzeption wäre im Gegensatz hierzu die positive Erkenntnis der Wirklichkeit in ihrem Gesamtzusammenhang.

Der Unterschied zwischen Adorno und Lukács geht soweit, daß sie beide auch eine entgegengesetzte Auffassung von dem Detail in den modernen „avantgardistischen Werken" haben. Lukács meint, wir fänden in ihnen viele realistische Details vor, die isoliert genommen „fast ausnahmelos . . . echte Widerspiegelungen der Wirklichkeit"[7] seien, aber

---

[6] *Noten zur Literatur II*, S. 164
[7] Georg Lukács, *Werke*, Bd. 4, Neuwied und Berlin 1971, S. 505

wenn man ihre Funktion „im Gefüge des Ganzen" sähe, müsse man zu dem Schluß kommen, daß es sich meist um eine naturalistische, unwesentliche, nicht typische Wiedergabe der Wirklichkeit handle. Als Beispiel führt er unter anderem Joyce an. Einen komplizierteren Fall bilde Kafka. Er gehöre „zu den wenigen avantgardeistischen Schriftstellern, deren Detailauffassung eine auswählende, das Wesentliche sinnfällig betonende, also eine nicht naturalistische ist". Aber die Untersuchung des „wesentlichen dichterischen Gehalts" seines Werks ergäbe, daß er sich letztenendes doch nicht in die Gruppe der „Realisten" einreihen lasse, da bei ihm „das Setzen einer unaufhebbaren Transzendenz (des Nichts) und damit das Zerreißen der dichterischen Einheit durch Allegorisieren sichtbar"[8] sei.

Adorno ist prinzipiell gegen eine getrennte Betrachtung des Details im Kunstwerk, weil es dem Wesen von Kunst widerspräche. Erst nach der Kenntnis des Gesamtzusammenhangs läßt sich auch über das Detail Verbindliches sagen. Allerdings nicht immer, muß man hinzufügen, denn, wie Adorno in seinen 1953 erschienenen *Aufzeichnungen zu Kafka* feststellte, entziehen sich die Sätze in diesen Romanen und Erzählungen jeder letzten Deutung. „Jeder Satz spricht: deute mich, und keiner will es dulden"[9]. Adorno formuliert es auch umgekehrt: „Jeder Satz steht buchstäblich, und jeder bedeutet"[10]. Diese Eigenart der Sätze und Details korrespondiert mit dem Wesen der Werke Kafkas, daß sie zur Interpretation provozieren, aber sich zugleich ihr beharrlich entziehen. Sie bilden „eine Parabolik, zu der der Schlüssel entwendet war..."[11]. Detail und das Werk als Ganzes bilden mit anderen Worten eine Einheit, aber nicht in dem Sinne, daß das eine das andere erklärt, das Einzelne das Ganze und das Ganze das Einzelne, sondern es bleibt

---

[8] ebenda
[9] *Prismen*, a.a.O., S. 304
[10] ebenda S. 303
[11] ebenda S. 304

ein Dunkel, Inkommensurables, Rätselhaftes als Restbe-
stand. (Hermeneutik, wie sie heute so populär geworden
ist, müßte hier also versagen.) Detail und Ganzes stehen
aber nicht im Gegensatz zueinander, sondern sind stimmig,
wie der Fall Kafka beweisen soll. Gegenteiliger Ansicht ist
Lukács, der zwischen realistischem Detail und unrealisti-
schem Ganzen unterscheidet.

Eine Zwischenposition zwischen Lukács und Adorno
nimmt Brecht ein. Er erkennt die Möglichkeit, daß das Detail eine selbständige Funktion im Kunstwerk erlangen
kann, doch meint er es anders als Adorno. Die Selbständigkeit des Details beruhe darauf, daß man es sofort, ohne auf
den durch das Kunstwerk vermittelten Gesamtzusammenhang achten zu müssen, mit der Wirklichkeit konfrontieren
könne. Im *Arbeitsjournal* notiert er: „bei der aristotelischen
stückkonzeption und der dazugehörigen spielweise (die beiden begriffe sind eventuell umzustellen) wird die täuschung
des zuschauers über die art und weise, wie die vorgänge auf
der bühne sich im wirklichen leben abspielen und dort zustande kommen, dadurch gefördert, daß der vortrag der
fabel ein absolutes ganzes bildet. die details können nicht
einzeln mit ihren korrespondierenden teilen im wirklichen
leben konfrontiert werden. man darf nichts ,aus dem zusammenhang reißen‘, um es etwa in den zusammenhang
der wirklichkeit zu bringen. das wird durch die verfremd-
ende spielweise abgestellt. die fortführung der fabel ist hier
diskontinuierlich, das einheitliche ganze besteht aus selbständigen teilen, die jeweils sofort mit den korrespondierenden teilvorgängen in der wirklichkeit konfrontiert werden können, ja müssen. ständig zieht diese spielweise alle
kraft aus dem vergleich mit der wirklichkeit, dh. sie lenkt
das auge ständig auf die kausalität der abgebildeten vorgänge"[12].

---

[12] B. Brecht, *Arbeitsjournal*, Bd. 1, Frankfurt am Main 1973, S. 140.
Vgl. zur Frage des Details desgleichen Peter Bürger, *Theorie der
Avantgarde*, a.a.O., S. 127 f.

Adornos und Lukács' unterschiedliche Stellung zur „Realismusfrage" ergibt sich auch aus einer verschiedenartigen Einschätzung der Rolle des Künstlers und seines Werks in der Gesellschaft. In Adornos Sicht ist der echte Künstler, der auf der Höhe seiner Zeit sich befindet, ein einsamer Rebell gegen die verwaltete Welt. Das kommt in seinem Werk zum Ausdruck, welches aus dieser Welt herausfällt und damit auch in sie „hineinfällt". Lukács beurteilt den Künstler danach, in welchem Grade er objektiv die Gesetzmäßigkeit der Geschichte einfängt, inwieweit „das Kunstwerk eine dem Wesen nach getreuere, vollständigere, lebendigere, bewegtere Widerspiegelung der Wirklichkeit bietet, als der Rezeptive sie sonst besitzt, daß es ihn also auf Grund seiner eigenen Erfahrungen . . . über die Grenzen dieser Erfahrungen hinausführt — in der Richtung eines konkreteren Einblicks in die Wirklichkeit"[13].

Es ist nicht überraschend, daß Adorno die Möglichkeit eines Fortbestehens des Realismus nur in dessen Selbstaufhebung sieht. Seinem Prinzip der negativen Dialektik getreu schreibt er: „Will der Roman seinem realistischen Erbe treu bleiben und sagen, wie es wirklich ist, so muß er auf einen Realismus verzichten, der, indem er die Fassade reproduziert, nur dieser bei ihrem Täuschungsgeschäfte hilft"[14]. Das scheint Brechts Meinung entgegenzukommen, daß die Darstellung der Fassade, die „einfache Widergabe der Realität" nicht mehr die „Verdinglichung der menschlichen Beziehungen" herausgibt[15], aber er meint damit nicht, daß die Wirklichkeit nicht mehr durch den Künstler dargestellt werden soll, sondern er sich bestimmter neuer Methoden — wie des V-Effekts auf der Bühne und der Montage — bedienen müsse, um das sich hinter der Fassade Verbergende aufzudecken.

---

[13] G. Lukács, *Werke*, Bd. 4, a.a.O., S. 618
[14] *Noten zur Literatur I*, S. 64
[15] Bertolt Brecht, *Dreigroschenbuch*, Frankfurt am Main 1960, S. 93 f.

Adorno hat Lukács' Realismuskonzeption nicht nur direkt, sondern auch indirekt angegriffen. Zu nennen wären hier vor allem die Essays *Balzac-Lektüre*[16] und *Standort des Erzählers im zeitgenössischen Roman*.

Lukács sieht in Balzac einen Schriftsteller, der in den *Verlorenen Illusionen* zum ersten Mal das „tragische Hohngelächter über die höchsten ideologischen Produkte der bürgerlichen Entwicklung selbst, die tragische Selbstauflösung der bürgerlichen Ideale durch die Wucht ihrer eigenen ökonomischen, kapitalistischen Grundlage... umfassend, in seiner Totalität gestaltet" hat[17]. Balzac stelle gleichzeitig noch „den Kampf gegen die kapitalistische Degradierung des Menschen" dar, „seine Nachfolger" dagegen „schildern nur eine kapitalistisch degradierte Welt"[18]. Er erkennt, daß das „Ende der heroischen Periode der bürgerlichen Entwicklung Frankreichs zugleich den Beginn des großen Aufschwungs des französischen Kapitalismus bedeutet"[19], die Späteren, „auch die größten wie zum Beispiel Flaubert, stehen bereits vor der vollzogenen Tatsache der Subsumtion aller menschlichen Werte unter die kapitalistische Warenbeziehung"[20].

Adorno versetzt Balzac in eine durch und durch verdinglichte Welt, die zwar noch „in morgendlicher Frische" erstrahlt[21], aber von ihr geprägt ist. Sein Realismus „ist nicht primär, sondern abgeleitet: Realismus aus Realitätsverlust. Epik, die des Gegenständlichen, das sie zu bergen trachtet,

---

[16] vgl. hierzu auch Fritz J. Raddatz („Der hölzerne Eisenring. Die moderne Literatur zwischen zweierlei Ästhetik: Lukács und Adorno" in *Merkur* Nr. 344, 1977), der ebenfalls Adornos „Balzac-Studie" als „Gegen-Analyse zu Lukács' großen Untersuchungen" (S. 43) ansieht.

[17] Georg Lukács, *Werke*, Bd. 6, Neuwied und Berlin 1965, S. 472

[18] ebenda S. 489

[19] ebenda S. 474

[20] ebenda S. 489

[21] *Noten zur Literatur II*, S. 20

nicht mehr mächtig ist, muß es durch ihren Habitus über-
treiben, die Welt mit exaggerierter Genauigkeit beschreiben,
eben weil sie fremd geworden ist, nicht mehr in Leibnähe
sich halten läßt"[22]. Realisten wie Balzac und seine Nachfolger „kritzeln die Details der verlorenen Objekte mit einer
Akribie, die Verlorenheit selber ausdrückt. Das, keine unge-
brochene Ähnlichkeit mit den Dingen, ist die Wahrheit des
literarischen Konkretismus"[23].

Nach Lukács beruht Balzacs Realismus „auf dem gleich
starken Herausarbeiten der spezifisch individuellen und
klassenmäßig typischen Züge jeder einzelnen Figur"[24]. Zwar
fällt es Balzac schwer, die „Gesamtheit der gesellschaftlichen Beziehungen", die Allgemeinheit „konkret, real,
seinshaft" darzustellen, jedoch versteht er es durch eine entsprechende Handlungsführung und ihre Breite, jene Allgemeinheit zu erreichen. In dieser Breite erscheint der Zufall
nicht mehr als bloßer Zufall, sondern als etwas Wesent-
liches und Notwendiges für das Ganze. Das „Hervortreten
der tiefsten gesellschaftlichen Notwendigkeit geschieht bei
Balzac immer durch *Handlung*, durch energische, zumeist
auf eine Katastrophe hin konzentrierte Zusammenballung
der Ereignisse. Die umständliche Breite der Beschreibung,
die sich manchmal zu förmlichen Abhandlungen über eine
Stadt, eine Wohnungseinrichtung, ein Restaurant usw.
auswachsen, ist niemals bloße Beschreibung. Hier wird
immer wieder die Breite und Vielfalt jenes Spielraumes
entwickelt, in dem sich dann die Katastrophe entladen
kann. Diese kommt zumeist ‚plötzlich‘, unerwartet, aber
diese Plötzlichkeit ist nur Schein. Denn inmitten der Katastrophe enthüllen sich mit großer Deutlichkeit Einzelzüge,
deren Vorhandensein auf geringerer Intensitätshöhe wir

---

[22] ebenda S. 29 f.
[23] ebenda S. 30
[24] G. Lukács, *Werke*, Bd. 6, a.a.O., S. 469

schon längst beobachtet haben"[25] . Balzac hat sich also nicht
der Realität verschrieben, weil er sie überhaupt nicht mehr
fassen kann, sondern er kann sie in ihrem Wesen erst durchdringen, indem er sie uns in ihrer Weite und Fülle darbietet.

Adornos *Balzac-Lektüre* ist vor allem gegen Engels' und
dann von Lukács bekräftigte Meinung gerichtet, daß der
französische Realist gezwungen war, „gegen seine eigenen
Klassensympathien und politischen Vorurteile zu handeln,
daß er die Notwendigkeit des Untergangs seiner geliebten
Adligen sah und sie als Menschen schilderte, die kein besseres Schicksal verdienen. . ."[26] . Adorno vertritt dagegen die
Ansicht, daß an Balzac im Ernst „nicht die konservative Gesinnung" reaktionär sei, „sondern seine Komplizität mit der
Legende vom raffenden Kapital"[27] . Seine Schilderungen bewegen sich gänzlich in der Sphäre der Zirkulation und nicht
der Produktion. Das habe zur Folge, daß er die Ökonomie
im Grunde genommen verzerre. Adorno spricht daher von
einer „Inadäquanz seines Realismus", der darauf zurückda-
tiere, „daß er, der Schilderung zuliebe, den Geldschleier
nicht durchbrach, kaum schon ihn durchbrechen konnte"[28] .
Und einige Zeilen weiter unten schreibt Adorno: „In Tuch-
fühlung mit den Opfern des Kapitalismus, vergrößert er zu
Monstern die Exekutoren des Urteils, die Geldleute, die den
Wechsel präsentieren. Die Industriellen aber werden, soweit
sie überhaupt vorkommen, Saint-Simonistisch der produktiven Arbeit zugerechnet. Entrüstung über die auri sacra
fames ist ein Stück aus dem ewigen Vorrat bürgerlicher Apologetik. Sie lenkt ab: die wilden Jäger teilen bloß die Beute.
Auch dieser Schein aber ist nicht aus dem falschen Bewußtsein Balzacs zu erklären. Die Relevanz des Geldkapitals, das

---

[25] ebenda S. 481 f.
[26] Karl Marx, Friedrich Engels, *Über Kunst und Literatur in zwei
     Bänden*, Berlin 1967, Bd. I, S. 159
[27] *Noten zur Literatur II*, S. 36
[28] ebenda

die Expansion des Systems bevorschußt, ist im Frühindu-
strialismus unvergleichlich viel größer als später, und dem
entsprechen die Usancen, solche von Spekulanten und Wu-
cherern. Dort kann der Romancier besser zupacken als in
der eigentlichen Sphäre der Produktion. Eben weil in der
bürgerlichen Welt vom Entscheidenden nicht sich erzählen
läßt, geht das Erzählen zugrunde. Die immanenten Mängel
des Balzacschen Realismus sind potentiell bereits das Verdikt über den realistischen Roman"[29]. Die ganze Gedanken-
führung Adornos dient, wie wir sehen, im Grunde dem Beweis, daß Realismus spätestens nach Balzac nicht mehr möglich ist, es sei denn durch Negation. Die Frage, die sich gerade Brecht gestellt hat, welcher Mittel und Methoden die
Kunst heute, wo alles nur noch im Funktionalen erkennbar
ist, sich bedienen muß, um realistisch sein zu können, wird
von Adorno verworfen, da schon ihre Formulierung seiner
Ästhetik des Nichtidentischen widersprechen würde.

Auch in der Einschätzung des Balzacschen Realismus steht
Brecht zwischen Adorno und Lukács, wobei seine Urteile
lebensnäher sind als die der beiden anderen. In seiner Notiz
Praktisches zur Expressionismusdebatte gibt er zu, daß
Balzac ein Realist ist, er arbeite „mit allen Mitteln, um an
die Realität heranzukommen", doch „zugleich, zwingt ihn
die literarische Konkurrenz zu erstaunlichen Abweichungen
romantischer Art und anderer Art. Haltet euch an Balzac,
das ist ein Rat wie: Haltet euch an das Meer!"[30]. In seinen
Bemerkungen zu einem Aufsatz verweist Brecht ähnlich wie
Adorno auf den „Fetischismus des Dings" in Balzacs Romanen. Gleichzeitig wirft er Balzac den Hang zum „Organischen" vor. Dieser „schreibt gigantische Genealogien, er
verheiratet die Geschöpfe seiner Phantasie wie Napoleon sei-

---

[29] ebenda S. 36 f.

[30] *Die Expressionismusdebatte. Materialien zu einer marxistischen
Realismuskonzeption*, hsg. von Hans-Jürgen Schmitt, Frankfurt
am Main 1973, S. 306

ne Marschälle und Brüder, er folgt den Vermögen (,Feti-
schismus des Dings') durch Generationen von Familien, ihr
Überwechseln von einer zur anderen. Er hat vor sich lau-
ter ,Organisches', die Familien sind Organismen, in ihnen ,wachsen' die Individuen. . .''[31] . Die moderne Roman-
literatur könne keine Genealogien darstellen, da die Familie
an Bedeutung verloren habe. Dem Romancier ist es auch
nicht mehr möglich, lebendige Gestalten zu schaffen, wie es
Lukács immer wieder forderte, denn den ,,Individuen kann
in den Büchern nicht viel mehr Platz eingeräumt und vor
allem kein anderer Platz eingeräumt werden als in der Wirklichkeit''[32] . Im Gegensatz zu Adorno zieht Brecht aus der
Entindividualisierung der Gesellschaft nicht den Schluß,
daß realistische Schaffensweise überhaupt nicht mehr denkbar sei, sondern daß sie andere Formen annehmen müsse.

Mit der angeblichen Unmöglichkeit realistischer Schreibweise im 20. Jahrhundert setzt sich Adorno unter anderem
in dem Essay *Standort des Erzählers im zeitgenössischen
Roman* auseinander. Zu den ersten Geboten des Erzählens
gehörte einst, daß sich der Erzähler ganz dem Gegenständlichen hingab, was er nicht mehr könne, da dies voraussetze,
daß die Welt sinnvoll ist[33] . Erzählen bedeutet: ,,etwas Besonderes zu sagen haben'', was ,,von der verwalteten Welt,
von Standardisierung und Immergleichheit verhindert''
wird[34] . Adorno weist auch auf den Schwund der Erfahrungen hin, daß das Erzählen verkümmern läßt. Es ist das
eine Idee Benjamins. Adorno beruft sich aber nicht auf
ihn, obwohl er fast wörtlich einen Gedanken aus dem Auf-

---

[31] ebenda S. 320 f.

[32] ebenda S. 319

[33] ,,Er machte der Lüge sich schuldig, der Welt mit einer Liebe sich zu
überlassen, die voraussetzt, daß die Welt sinnvoll ist, und endete
beim unerträglichen Kitsch vom Schlage der Heimatkunst'' (*Noten
zur Literatur I*, S. 62).

[34] ebenda S. 63

satz *Der Erzähler. Betrachtungen zum Werk Nikolai Less-kows* übernommen hat[35]. Schließlich ist nach Adorno epi-sches Erzählen im alten Sinne dadurch fraglich geworden, daß die Massenmedien, Journalismus und Wissenschaft dem Roman ganze Bereiche weggenommen haben. Und last not least sei realistisches Erzählen durch die Versteinerung der Verhältnisse, die Entfremdung der menschlichen Be-ziehungen nicht mehr denkbar. „Das antirealistische Mo-ment des neuen Romans, seine metaphysische Dimension, wird selber gezeitigt von seinem realen Gegenstand, einer Gesellschaft, in der die Menschen voneinander und von

---

[35] Dort heißt es: Mit der Kunst des Erzählens geht es zu Ende. „Immer häufiger verbreitet sich Verlegenheit in der Runde, wenn der Wunsch nach einer Geschichte laut wird. Es ist, als wenn ein Vermögen, das unveräußerlich schien, das Gesicherste unter den Sicheren, von uns genommen würde. Nämlich das Vermögen, Erfahrungen aus-zutauschen. Eine Ursache dieser Erscheinung liegt auf der Hand: die Erfahrung ist im Kurse gefallen. Und es sieht aus, als fiele sie weiter ins Bodenlose. Jeder Blick in die Zeitung erweist, daß sie einen neuen Tiefstand erreicht hat, daß nicht nur das Bild der äußern, sondern auch das Bild der sittlichen Welt über Nacht Ver-änderungen erlitten hat, die man niemals für möglich hielt. Mit dem Weltkrieg begann ein Vorgang offenkundig zu werden, der seither nicht zum Stillstand gekommen ist. Hatte man nicht bei Kriegs-ende bemerkt, daß die Leute verstummt aus dem Felde kamen? nicht reicher — ärmer an mitteilbarer Erfahrung. Was sich dann zehn Jahre später in der Flut der Kriegsbücher ergossen hatte, war alles andere als Erfahrung gewesen, die von Mund zu Mund geht. Und das war nicht merkwürdig. Denn nie sind Erfahrungen gründ-licher Lügen gestraft worden als die strategischen durch den Stel-lungskrieg, die wirtschaftlichen durch die Inflation, die körper-lichen durch die Materialschlacht, die sittlichen durch die Macht-haber. Eine Generation, die noch mit der Pferdebahn zur Schule gefahren war, stand unter freiem Himmel in einer Landschaft, in der nichts unverändert geblieben war als die Wolken und unter ihnen, in einem Kraftfeld zerstörender Ströme und Explosionen, der winzige, gebrechliche Menschenkörper" (W. Benjamin, *Illu-minationen*, a.a.O., S. 409 f.).

sich selber gerissen sind. In der ästhetischen Transzendenz
reflektiert sich die Entzauberung der Welt"[36]. Die Tendenz
im modernen Roman sei daher, daß das dichterische Subjekt
von den „Konventionen gegenständlicher Darstellung sich
lossagt" und zugleich „die eigene Ohnmacht", die „Übermacht der Dingwelt" einbekennt. Die heutigen Romane,
„die zählen", gleichen nach Adorno „negativen Epopöen".
„Sie sind Zeugnisse eines Zustands, in dem das Individuum
sich selbst liquidiert und der sich begegnet mit dem vor-
individuellen, wie er einmal die sinnerfüllte Welt zu verbür-
gen schien. Mit aller gegenwärtigen Kunst teilen diese Epopöen die Zweideutigkeit, daß es nicht bei ihnen steht, etwas darüber auszumachen, ob die geschichtliche Tendenz,
die sie registrieren, Rückfall in die Barbarei ist oder doch auf
die Verwirklichung der Menschheit abzielt, und manche
fühlen sich im Barbarischen allzu behaglich"[37]. Aus dieser
Sicht heraus ist es selbstverständlich, daß eine Perspektive,
wie Lukács sie verlangte, a priori zu verwerfen ist. Von einer
historischen Gesetzmäßigkeit, daß die Menschheit einem
Zustand der Befreiung zustrebt, kann keine Rede sein, man
kann diesen Zustand — wie wir schon mehrmals betonten —
nur als eine Möglichkeit ins Auge fassen.

Aus Adornos Opposition gegen den Realismus Lukács'scher
und auch Brechtscher Prägung kann man noch nicht den
Schluß ziehen, daß seine Denkweise eine gänzlich antirealistische ist. Auch bei ihm bleibt Kunst auf die gesellschaftliche Wirklichkeit bezogen, die in ihrer Negativität ins
Kunstwerk aufgenommen wird, was vor allem durch das
Material und die Form erfolgt, wie wir bereits angedeutet
haben. Allgemein läßt sich sagen, daß Kunst den Geist „der
Gesellschaft, in der sie ist und die in ihr ist"[38] zu fassen im-

---

[36] *Noten zur Literatur I*, S. 65
[37] ebenda S. 71
[38] Theodor W. Adorno, *Mahler. Eine musikalische Physiognomik*,
Frankfurt am Main 1969, S. 127

stande ist. Nach Adorno stellt sie ein „Seismogramm der Realität" (14, 379), ein „Bild der Realität" dar, aber ein „unversöhntes"[39], d. h. sich ihr entgegensetzendes. Kunst spiegelt immanent die destruktiven und, wenn vorhanden, die zukunftsträchtigen Tendenzen der Zeit. Heutzutage ist sie jedoch vor allem „Chiffre des Leids".

Peter Demetz hat diese Art des „Abbildens" oder „Erkennens" einmal „ontologischen Realismus" genannt, der eine Alternative zum „literarischen Realismus" sein will[40]. Diesen lehnt Adorno ab, weil er, wie wir schon ausführten, Einverständnis mit der verdinglichten, entfremdeten Welt bedeuten würde. Peter Demetz wirft Adorno vor, er habe sich von der Entfremdung allzu faszinieren lassen. Von einer solchen Faszination sei „nur ein einziger Schritt zur Hörigkeit; und der Geist der geschichtlichen Epoche, deren Botschaft Adorno dechiffriert, erinnert mich an den Raben Edgar Allan Poes, der nur ein schicksalsschwangeres Wort zu sagen weiß: Entfremdung! Entfremdung! Entfremdung! ist's, die er uns als sein immer wiederkehrendes Evermore! entgegenruft"[41].

Kunst im Adornoschen Sinn läßt mit anderen Worten nur ganz bestimmte Züge der Welt wiedererkennen, nämlich diejenigen, die von ihrer Verdinglichung zeugen. Sie vermittelt in erster Linie ein Bewußtsein vom negativen Stand der Wirklichkeit, zu der sie in Opposition steht. Sie soll als Nichtidentisches das Identische in seiner Negativität hervor-

---

[39] *Philosophie der neuen Musik*, a.a.O., S. 109

[40] Peter Demetz, Der Rabe Entfremdung, in: *Merkur*, Nr. 213, 12/ 1965, S. 1195

[41] ebenda S. 1196. Siehe auch Wolfgang Heise, der in seiner kurzen, aber differenzierten Analyse der Ästhetik Adornos erklärt, daß dessen „materialistischer Ansatz der Erkenntnistheorie" durch die Verabsolutierung der Entfremdungsbeziehung in „Idealismus sich verkehren" muß (in: Jürgen Kuczynski, Wolfgang Heise, *Bild und Begriff. Studien über die Beziehung zwischen Kunst und Wissenschaft*, Berlin und Weimar 1975, S. 284 f.)

brechen lassen. Hier haben wir den ganzen Gegensatz zu den üblichen Realismusauffassungen vor uns, denen zufolge durch Angleichung der Kunst an die Wirklichkeit, durch Identität, zu einem Sich-nicht-identifizieren-Wollen mobilisiert werden sollte; Adorno glaubt hingegen, daß man nur durch das Nichtidentische, welches gerade die authentische Kunst verkörpert, dem Zwang des Identischen zu widerstehen vermag.

XXII. Rettung der klassischen Ästhetik?

Aufgabe der Ästhetik kann es nicht sein, nach Invarianten zu suchen. Gerade hierin habe, wie Adorno mehrmals feststellt, ältere Ästhetik geirrt. Es wäre aber auch falsch, nur neue Kategorien aufspüren zu wollen. Im „Zeitalter der Unversöhnlichkeit traditioneller Ästhetik und aktueller Kunst" habe die „philosophische Kunsttheorie keine Wahl als, ein Wort Nietzsches zu variieren, die untergehenden Kategorien als übergehende zu denken in bestimmter Negation" (7, 507). Im Grunde genommen wird Adornos ganze Ästhetik von dieser Denkweise getragen. Immer wieder greift er auf alte Kategorien zurück, um sie aufzulösen, in ihre Negativität zu verwandeln, ohne sie gänzlich fallen zu lassen. Auf diese Weise bekommt er die Veränderung innerhalb der Künste oft ausgezeichnet in den Griff. Zu fragen wäre allerdings, ob dadurch der Wandel nicht zu sehr auf Kosten der heutigen Kunst betont wird, ob nicht Ratlosigkeit inbezug auf das Neueste die Folge ist. Wir gewinnen zwar die Gewißheit, daß es, wie es einmal ging, nicht mehr geht, aber damit wissen wir noch nicht, ob das Heutige das Vertretbare, das unserer Situation Entsprechende ist. Logischerweise müßte sich dies aus dem Gegenwärtigen selbst ergeben; aber wahrscheinlich sind wir stets so stark in das Frühere, wenn auch noch nicht so Alte, verstrickt, daß wir nur durch stete Negation aus ihm herausfinden können.

Im Gegensatz zur Kunst, die sich in ständiger Auseinandersetzung mit dem Überlieferten und den zeitgenössischen Bestrebungen entwickelt hat, ist die Ästhetik vor einer permanent kritischen Beleuchtung ihrer Vorläufer, der zeitgenössischen Kunst und den gesellschaftlichen Bedingungen des künstlerischen Schaffens meist zurückgeschreckt. Es scheint ihr daher tatsächlich nichts weiter übrig zu bleiben, als den Weg von der klassischen Ästhetik, etwa Kants *Kritik der Urteilskraft*, bis heute noch einmal im Eiltempo (unter steter Beachtung der modernen Künste und der gesellschaftlichen Verwandlungen) zurückzulegen, um auf diese Weise den Grund für eine neue Philosophie der modernen Künste zu schaffen. Adorno ist diesen Weg gegangen. Trotz vieler Erkenntnisse befriedigt seine ästhetische Theorie allerdings nicht. Man könnte sagen, der Grund hierfür liegt darin, daß er allzu viele neuere Erscheinungen der authentischen Kunst nicht zurechnen wollte und er neuere Methoden der Kunstanalyse zu wenig beachtet hat, so daß seine Ästhetik nur mit Einschränkungen als eine der heutigen Zeit entsprechende bezeichnet werden kann.

Der Hauptgrund, warum seine Ästhetik in vieler Hinsicht nicht als eine wirklich moderne empfunden werden kann, liegt allerdings in dem Versuch, alte Begriffe und Kategorien retten zu wollen. Ein gutes Beispiel hierfür ist die „Rettung des Scheins", die im „Zentrum von Ästhetik" stehen soll (vgl. Kapitel IV). Engagierte Kunst, etwa Sartres und Brechts Werke, lehnt er ab, weil dort Kunst mit Leben identifiziert werde. Das bedeute aber die Abschaffung des Scheins und damit Einordnung in die Gesetzmäßigkeiten der verwalteten Welt. Gleichzeitig verwirft Adorno, wenn auch nicht mit derselben Vehemenz, eine Kunst, die nur Schein sein will, da diese entweder in l'art pour l'art oder in Kitsch sich zu verwandeln drohe.

In dieser Abgrenzung gegen Extreme unterscheidet sich Adorno nicht allzu sehr von klassischen Ästhetiken, etwa der Hegels, und auch nicht von solchen Denkern unseres Jahrhunderts wie Lukács. Zugespitzt formuliert ist Adornos Ästhetik als eine Fortsetzung des deutschen ästhetischen Denkens, das Kant und Hegel verkörpern, anzusehen. Ihre Begriffe wie Zweckmäßigkeit ohne Zweck, Form, Schein, Anschaulichkeit, Geistigkeit, Ausdruck, Kunst- und Naturschönes, Wahrheitsgehalt, Subjektivität usw. werden bei aller Fragwürdigkeit als brauchbar hingestellt. Solch prin-

zipielle Zweifel, wie sie etwa Ingarden über den Begriff
Form geäußert hat, hegt Adorno nicht. Seine Zweifel be-
wegen sich in eine andere Richtung. Sie sind alle mit dem
Verhältnis von Kunst und Gesellschaft verbunden.

Natürlich läßt sich die oben aufgestellte These nicht generell aufrechterhalten, sie ist, wie gesagt, zugespitzt formuliert. Schließlich verwendet Adorno auch eine Reihe
neuer Begriffe wie Fragment, Technik, Materialbeherrschung, Zwang zum Neuen etc. Der klassischen Ästhetik
fehlte auch das ideologiekritische Denken. Schließlich darf
man nicht unberücksichtigt lassen, daß die Ästhetik für
Adorno einen Grundpfeiler des Systems des negativen Denkens, der negativen Dialektik, bildet. Hier könnte man
selbstverständlich einwerfen, daß seine negative Dialektik
ohne Hegel unvorstellbar wäre, trotzdem sollte man an
dem Neuen, das wir in Adornos Ästhetik finden, nicht vorbeigehen.

Bibliographie

(ausführliche Bibliographien findet der Leser bei Schultz, Klaus, „Vorläufige Bibliographie der Schriften Th. W. Adornos" in: *Th. W. Adorno zum Gedächtnis*; bei Grenz, Friedemann, „Bei Schultz nicht erwähnte Einzeltitel, Gespräche, Interviews, Briefe" in: *Adornos Philosophie in Grundbegriffen*; in dem Heft *Text + Kritik, Theodor W. Adorno*, in dem Carlo Pettazzi eine „Kommentierte Bibliographie zu Th. W. Adorno" gegeben hat)

Adorno Theodor W., *Gesammelte Schriften 7, Ästhetische Theorie*, Frankfurt/M. 1972 (hsg. von G. Adorno u. R. Tiedemann)
— *Gesammelte Schriften 6, Negative Dialektik. Jargon der Eigentlichkeit*, Frankfurt/M. 1973 (hsg. von R. Tiedemann)
— *Gesammelte Schriften 8, Soziologische Schriften 1*, Frankfurt/M. 1972 (hsg. von R. Tiedemann)
— *Gesammelte Schriften 14, Dissonanzen. Einleitung in die Musiksoziologie*, Frankfurt/M. 1973 (hsg. von R. Tiedemann)
— *Gesammelte Schriften 15, Komposition für den Film. Der getreue Korrepetitor*, Frankfurt/M. 1976 (hsg. von R. Tiedemann)
— *alban berg. Der Meister des kleinsten Übergangs*, Wien 1968
— *Dissonanzen. Musik in der verwalteten Welt*, Göttingen [5]1972
— *Einleitung in die Musiksoziologie. Zwölf theoretische Vorlesungen*, Frankfurt 1962 sowie Reinbek 1968
— *Erziehung zur Mündigkeit*, hsg. von Gerd Kadelbach, Frankfurt/M. 1973
— *Kierkegaard. Konstruktion des Ästhetischen*, Frankfurt/M. 1962
— *Klangfiguren. Musikalische Schriften I*, Frankfurt/M. 1959
— *Mahler. Eine musikalische Physiognomik.* Frankfurt/M. 1969
— *Minima Moralia. Reflexionen aus dem beschädigten Leben*, Frankfurt/M. 1964
— *Negative Dialektik*, Frankfurt/M. 1966
— *Noten zur Literatur I*, Frankfurt/M. 1958
— *Noten zur Literatur II*, Frankfurt/M. 1961
— *Noten zur Literatur III*, Frankfurt/M. 1965
— *Noten zur Literatur IV*, Frankfurt/M. 1974

- *Ohne Leitbild. Parva Aesthetica*, Frankfurt/M. 1967
- *Philosophie der neuen Musik*, Frankfurt/M., Berlin, Wien 1974
- *Filozofia nowej muzyki*, ins Polnische übersetzt von Fryderyka Wayda, Einleitung von Stefan Jarociński, Warszawa 1974
- *Philosophische Terminologie*, Bd. 1, Frankfurt/M. 1973, Bd. 2 Frankfurt/M. 1974 (hsg. von Rudolf zur Lippe)
- *Prismen. Kulturkritik und Gesellschaft*, Frankfurt/M. 1969
- *Quasi una fantasia. Musikalische Schriften II*, Frankfurt/M. 1963
- *Stichworte. Kritische Modelle 2*. Frankfurt/M. 1969
- *Studien zum autoritären Charakter*, aus dem Amerikanischen von Milli Weinbrenner, Frankfurt/M. 1973
- *Versuch über Wagner*, Frankfurt/M. 1952
- *Zur Dialektik des Engagements*, Frankfurt/M. 1973
- Zur gesellschaftlichen Lage der Musik in: *Zeitschrift für Sozialforschung*, hsg. von Max Horkheimer, Jahrgang I/1932, Neudruck München 1970
- Über den Fetischcharakter in der Musik und die Regression des Hörens in: *Zeitschrift für Sozialforschung*, Jahrgang VII/1938 (Neudruck München 1970)
- Wird Spengler rechtbehalten? in: *Frankfurter Hefte* 1955, S. 841–846
- Jene zwanziger Jahre, in: *Merkur. Deutsche Zeitschrift für europäisches Denken*, 1/1962, Nr. 167, S. 46–51
- Über einige Schwierigkeiten des Komponierens heute, in: *Aspekte der Modernität* (siehe unter Aspekte), S. 129–149

Adorno, Theodor W., Heselberg, Peter von, Über die geschichtliche Angemessenheit des Bewußtseins, in: *Akzente* 6/1965

Adorno, Theodor W., Krenek, Ernst, *Briefwechsel*, Frankfurt/Main 1974

Theodor W. Adorno zum Gedächtnis. Eine Sammlung, hsg. von H. Schweppenhäuser, Frankfurt/M. 1971

Theodor W. Adorno, Sonderband von *Text + Kritik*, hsg. von Heinz Ludwig Arnold, München 1977

Über Theodor W. Adorno, Frankfurt/M. 1968

Alewyn R. und Sälze K., *Das große Welttheater. Die Epoche der höfischen Feste in Dokument und Deutung*, Reinbek 1959

alternative. Zeitschrift für Literatur und Diskussion, hsg. von Hildegard Brenner, H. 56/57 (Okt./Dez. 1967) und H. 59/60 (April/Juni 1968)

Alth, Michaela, Erwiderung auf Tombergs Kritik an Adorno, in: *Das Argument 30*, 6. Jg. 1964, H. 3, S. 156—158

Anders, J. F., Klobusicky J., Vorschlag zur Interpretation der Brecht-Lukács-Kontroverse, in: *Alternative* 84/85 (1972), S. 114—120

Arendt, Hannah, *Benjamin, Brecht. Zwei Essays*, München 1971

— *Aspekte der Modernität*, hsg. von Hans Steffen, Göttingen 1965

Baumeister, Thomas; Kulenkampff, Jens, Geschichtsphilosophie und philosophische Ästhetik. Zu Adornos ‚Ästhetischer Theorie‘, in: *neue hefte für philosophie Nr. 5 (Ist eine philosophische Ästhetik möglich?)*, Göttingen 1973, S. 74—104

Baumgart, Reinhard, *Literatur für Zeitgenossen. Essays*, Frankfurt/M. 1965

Becker, Franz Josef E., *Freiheit und Entfremdung bei Fichte, Marx und in der kritischen Theorie*, Diss. Köln 1972

Beckett, Samuel, *Dramatische Dichtungen in drei Sprachen*, Frankfurt/M. 1963 u. 1964

— *Endspiel/Fin de Partie. Schauspiel. Zweisprachig*. Aus dem Französischen von E. Tophoven, Frankfurt 1960

Benjamin, Walter, *Schriften* (hsg. von Th. W. Adorno und Gretel Adorno unter Mitwirkung von Friedrich Podszus), Frankfurt/M. 1955

— *Illuminationen. Ausgewählte Schriften 1*. (hsg. von Siegfried Unseld), Frankfurt/M. 1961

— *Angelus Novus. Ausgewählte Schriften 2*, Frankfurt/M. 1966

— *Briefe. 2 Bände* (hsg. und mit Anmerkungen versehen von Theodor W. Adorno und Gershom Scholem) Frankfurt/M. 1966

— *Ursprung des deutschen Trauerspiels* (hsg. von R. Tiedemann), Frankfurt/M. 1963

— *Lesezeichen. Schriften zur deutschsprachigen Literatur*, (hsg. von Gerhard Seidel), Leipzig 1970

— *Das Paris des Second Empire bei Baudelaire* (hsg. von Rosemarie Heise), Berlin und Weimar 1971

Bergmann, Achim, Fertl, Herbert L., Zur Apathie des neuesten Kritizismus, in: *Die neue Linke nach Adorno* (siehe dort), S. 38—54

Beyer, Wilhelm Raimund, *Die Sünden der Frankfurter Schule. Ein Beitrag zur Kritik der ‚Kritischen Theorie‘*, Berlin 1971

— Vier Kritiken: *Heidegger, Sartre, Adorno, Lukács*, Köln 1970

Birzele, Karl-Heinrich, *Mythos und Aufklärung. Adornos Philosophie, — gelesen als Mythos — Versuch einer kritischen Rekonstruktion*, Diss. Würzburg 1977

Böckelmann, Frank, *Über Adorno und Marx. Schwierigkeiten der spätmarxistischen Theorie*, Frankfurt/M. 1972

— Die Möglichkeit ist die Unmöglichkeit. Die Unmöglichkeit ist die Möglichkeit. Bemerkungen zur Autarkie der Negativen Dialektik in: *Die neue Linke nach Adorno* (siehe dort), S. 17—37

Boehmer, Konrad, Adorno, Musik, Gesellschaft in: *Die neue Linke nach Adorno* (siehe dort), S. 118—134

Bohrer, Karl Heinz, *Die gefährdete Phantasie, oder Surrealismus und Terror*, München 1970

— *Der Lauf des Freitag. Die lädierte Utopie und die Dichter. Eine Analyse*, München 1973

Brecht, Bertolt, *Schriften zur Literatur und Kunst*, Bd. I u. II, Berlin und Weimar 1966

— *Schriften zur Politik und Gesellschaft*, Frankfurt/M. 1968

— *Arbeitsjournal*, Bd. I u. II (hsg. von W. Hecht), Frankfurt/M. 1973 (nebst Anmerkungsband von W. Hecht)

Brüggemann, Heinz, *Literarische Technik und soziale Revolution. Versuch über das Verhältnis von Kunstproduktion, Marxismus und literarischer Tradition in den theoretischen Schriften Bertolt Brechts*, Reinbek 1973

Bubner, Rüdiger, Über einige Bedingungen gegenwärtiger Ästhetik, in: *neue hefte für philosophie* (siehe Baumeister), S. 38—73

— Was ist kritische Theorie? in: *Philosophische Rundschau*, 16. Jg. Heft 3/4 (Dezember 1969), S. 213—249

Buchka, Peter, *Die Schreibweise des Schweigens. Ein Strukturvergleich romantischer und zeitgenössischer Literatur*, München 1974

— Ist Adornos Philosophie referierbar? Die letzten *Noten zur Literatur* und die erste Untersuchung seines Gesamtwerks, *Süddeutsche Zeitung* 9.X.1974

Burde, Wolfgang, Versuch über einen Satz Theodor W. Adornos in: *Humanität und Erziehung*, Festgabe für Wilhelm Richter zum 70. Geburtstag, Berlin 1971, S. 83—93

Bürger, Peter, *Theorie der Avantgarde*, Frankfurt/M. 1974

Celan, Paul, *Mohn und Gedächtnis*, Stuttgart 1952

— *Von Schwelle zu Schwelle*, Stuttgart 1955

— *Sprachgitter*, Frankfurt/M. 1959

— *Atemwende*, Frankfurt/M. 1967

— *Fadensonnen*, Frankfurt/M. 1968

— *Schneepart*, Frankfurt/M. 1971

Über Paul Celan, hsg. von Dietlind Meinecke, Frankfurt/M. 1970

Clemenz, Manfred, Theorie als Praxis? Zur Philosophie und Soziologie Adornos, in: *neue politische literatur*, Frankfurt/M. 1968, H. 2, S. 178—194

Dahlhaus, Carl, Musik und Gesellschaft. Bemerkungen zu Th. W. Adornos ‚Versuch über Wagner', in: *Deutsche Universitäts-Zeitung*, Göttingen 1953, Nr. 7, S. 14—16

— Dialektik des ästhetischen Scheins. Bemerkungen zu Th. W. Adornos ‚Dissonanzen', in: *Deutsche Universitäts-Zeitung*, Göttingen 1957, Nr. 1, S. 16—19

Dawydow, Juri, *Die sich selbst negierende Dialektik. Kritik der Musiktheorie Theodor Adornos*, Berlin 1971

Demetz, Peter, Der Rabe Entfremdung (Bespr. Noten zur Literatur), in: *Merkur*, 12/1965, S. 1194—1196

Dilthey, Wilhelm, *Gesammelte Schriften*, Bd. 6, Stuttgart und Göttingen [4] 1962

Distelmaier, Otto, *Fundamentalästhetik und Normativität. Untersuchungen zu Emil Staigers „Fundamentalpoetik" in Hinblick auf Heinrich Rombachs „Strukturpoetologie" und Theodor W. Adornos „Ästhetische Theorie"*, Diss. München 1973

Eisler, Hanns, *Materialien zu einer Dialektik der Musik*, hsg. von Manfred Grabs, Leipzig 1976

Eley, Lothar, Zum Begriff des Transzendentalen (Kritik des Husserlbuchs von Adorno), in: *Zeitschrift für philosophische Forschung*, 1959, H. 2, S. 351—358

Enzensberger, Hans Magnus, *Einzelheiten I. Bewußtseins-Industrie*, Frankfurt/M. 1962

— *Einzelheiten II. Poesie und Politik*, Frankfurt/M. 1964

Esslin, Martin, *Das Theater des Absurden*, Reinbek 1965

— *Jenseits des Absurden. Aufsätze zum modernen Drama*, Wien 1972

Fortini, Franco, Lukács und Adorno, in: ders. *Die Vollmacht. Literatur heute und ihr sozialer Auftrag*, Wien, Frankfurt, Zürich 1968

Fredel, Jürgen, Kunst als Produktivkraft. Kritik eines Fetischs am Beispiel der ästhetischen Theorie Th. W. Adornos, in: *Autonomie der Kunst. Zur Genese und Kritik einer bürgerlichen Kategorie*, Frankfurt/M. 1972, S. 231—253

Frenzel, Ivo, Kritik und Verheißung (Bespr. Prismen), in: *Frankfurter Hefte* 1955, Nr. 2

Fritsch, Christian, Rütten, Peter, Anmerkungen zur Brecht-Lukács-Debatte, in: *Rhetorik, Ästhetik, Ideologie* (siehe dort), S. 137—159

Fügen, Norbert, *Wege der Literatursoziologie*, Neuwied und Berlin ²1971

Gadamer, Hans-Georg, *Wahrheit und Methode*, Tübingen ³1972

— *Kleine Schriften Bd. 1*, Tübingen 1967

Gallas, Helga, *Marxistische Literaturtheorie, Kontroversen im Bund proletarisch-revolutionärer Schriftsteller*, Neuwied und Berlin 1971

Gehlen, Arnold, *Zeitbilder. Zur Soziologie und Ästhetik der modernen Malerei*, Frankfurt/M. und Bonn 1960

Gesellschaft — Literatur — Lesen. Literaturrezeption in theoretischer Sicht, von M. Naumann (Leitung und Gesamtredaktion), D. Schlenstedt, K. Barck, D. Kliche, R. Lenze, Berlin und Weimar 1973

Gmelin, Otto, F., Negative Dialektik — Schaltsystem der Utopie in: *Die neue Linke nach Adorno* (siehe dort), S. 55—90

Gramer, Wolfgang, *Musik und Verstehen. Eine Studie zur Musikästhetik Theodor W. Adornos*, Mainz 1976

Grenz, Friedemann, *Adornos Philosophie in Grundbegriffen. Auflösung einiger Deutungsprobleme*. Mit einem Anhang: Theodor W. Adorno und Arnold Gehlen: Ist die Soziologie eine Wissenschaft vom Menschen? Ein Streitgespräch. Frankfurt/M. 1974

— Zur architektonischen Stellung der Ästhetik in der Philosophie Adornos in: *Text + Kritik* (siehe dort), S. 119—129

Günther, Joachim, Reflexionen aus einem ‚beschädigten Leben' (Bespr. Minima Moralia), in: *Der Monat*, Juli 1951

Habermas, Jürgen, *Strukturwandel der Öffentlichkeit*, Neuwied und Berlin ⁵1971

— Ein philosophierender Intellektueller. Th. W. Adorno zum 60. Geburtstag, in: *Über Th. W. Adorno* (siehe dort) S. 35—43

— Bewußtmachende oder rettende Kritik — die Aktualität Walter Benjamins, in: *Zur Aktualität Walter Benjamins*, hsg. von Siegfried Unseld, Frankfurt/M. 1972, S. 173—224

— Analytische Wissenschaftstheorie und Dialektik, in: *Zeugnisse. Th. W. Adorno zum sechzigsten Geburtstag* (siehe dort)

Hahn, Peter, Kunst als Ideologie und Utopie. Über theoretische Möglichkeiten eines gesellschaftsbezogenen Kunstbegriffs, in: *Literaturwissenschaft und Sozialwissenschaften*, Stuttgart 1971, S. 151–234

Hall, Günther, *Subjekt und Rationalität. Eine Studie zu A. N. Whitehead und Th. W. Adorno*, Diss. Frankfurt/M. 1975

Hart Nibbrig, Christiaan L., *Ja und Nein. Studien zur Konstitution von Wertgefügen in Texten*, Frankfurt/M. 1974

Härting, Thomas, Ideologiekritik und Existenzphilosophie. Philosophische Stellungnahme zu Th. W. Adornos 'Jargon der Eigentlichkeit', in: *Zeitschrift für philosophische Forschung 21*, 1967

Hartung, Rudolf, An der Grenze zum Schweigen, in: *Über Paul Celan* (siehe dort)

Haug, Wolfgang Fritz, *Kritik der Warenästhetik*, Frankfurt/M. 1971
— Zur Kritik der Warenästhetik, in: *Kursbuch 20* (siehe dort), S. 140–158

Hegel, G. W. F., *Ästhetik*, Berlin und Weimar 1965 (zwei Bände)

Heidegger, Martin, *Sein und Zeit*, Tübingen 1963

Heidsieck, Arnold, *Das Groteske und das Absurde im modernen Drama*, Stuttgart 1969

Heimann, Bodo, Thomas Manns 'Doktor Faustus' und die Musikphilosophie Adornos, in: *Deutsche Vierteljahresschrift für Literaturwissenschaft und Geistesgeschichte 38*, 1964

Heißenbüttel, Helmut, *Zur Tradition der Moderne. Aufsätze und Anmerkungen 1964–1971*, Neuwied und Berlin 1972

Helms, Hans G, *Fetisch Revolution. Marxismus und Bundesrepublik*, Neuwied und Berlin 1969

Henrich, Dieter, Kunst und Kunstphilosophie der Gegenwart (Überlegungen mit Rücksicht auf Hegel), in: *Poetik und Hermeneutik II* (siehe dort), S. 11–32

Hermeneutik und Ideologiekritik (mit Beiträgen von K. O. Apel, C. v. Bormann, R. Bubner, H.-G. Gadamer, H. J. Giegel, J. Habermas), Frankfurt/M. 1971

Hoffmann-Axthelm, Dieter, *Theorie der künstlerischen Arbeit. Eine Untersuchung anhand der Lage der bildenden Künste in den kapitalistischen Ländern*, Frankfurt 1974

Holz, Hans Heinz, Prismatisches Denken. Über Walter Benjamin, in: *Sinn und Form*, 8/1956/, S. 514–549, erweitert in: *Über Walter Benjamin* (siehe dort), S. 62–110
— Mephistophelische Philosophie, in: *Die neue Linke nach Adorno* (siehe dort), S. 176–192

- *Vom Kunstwerk zur Ware. Studien zur Funktion des ästhetischen Gegenstands im Spätkapitalismus*, Neuwied und Berlin 1972
Horkheimer Max, Theodor W. Adorno, *Dialektik der Aufklärung*, Frankfurt/M. 1971
- *Kritische Theorie*, Bd. I u. II, Frankfurt/M. 1968
- *Zur Kritik der instrumentellen Vernunft*, Frankfurt/M. 1967
- *Die gesellschaftliche Funktion der Philosophie*, Frankfurt/M. 1974
- *Anfänge der bürgerlichen Geschichtsphilosophie*, Stuttgart 1930
- Jenseits der Fachwissenschaft. Adorno zum Geburtstag, in: *Frankfurter Rundschau*, 11.9.1963
- Gruß an einen Freund. Zu den Schriften Adornos, in: *Freie Presse* 11.9.1963
- Himmel, Ewigkeit und Schönheit. Spiegel-Interview mit Max Horkheimer zum Tode Theodor W. Adornos, in: *Der Spiegel*, 11.8.1969

Jablinski, Manfred, *Theodor W. Adorno. ,Kritische Theorie' als Literatur- und Kunstkritik*, Bonn 1976
Jaeggi, Urs, *Literatur und Politik*, Frankfurt/M. 1972
Jauss, Hans Robert, *Literaturgeschichte als Provokation*, Frankfurt/M. 1970
- *Kleine Apologie der ästhetischen Erfahrung*, Konstanz 1972
- Negativität und Identifikation. Versuch zur Theorie der ästhetischen Erfahrung, in: *Poetik und Hermeneutik VI* (siehe dort), S. 263–340
Jay, Martin, *Dialektische Phantasie. Die Geschichte der Frankfurter Schule und des Instituts für Sozialforschung*, Franfurt/M. 1976
Jiminez, Marc, *Adorno: art, idéologie et théorie de l'art*, Paris 1973

Kaiser, Joachim, Musik und Katastrophe (Bespr. Philosophie der neuen Musik), in: *Frankfurter Hefte 6*, 1951
Kaiser, Gerhard, *Benjamin. Adorno. Zwei Studien*, Frankfurt/M. 1974
Knörrich, Otto, *Die deutsche Lyrik der Gegenwart 1945–1970*, Stuttgart 1971
Koch, Traugott, Kodalle, Klaus-Michael, Schwepphäuser, Hermann, *Negative Dialektik und die Idee der Versöhnung. Eine Kontroverse über Theodor W. Adorno*, Stuttgart 1973
Kofler, Leo, *Zur Theorie der modernen Literatur*, Neuwied und Berlin 1962
Korff, Friedrich Wilhelm, Das Verbrechen der beleidigten Philosophie, Gehlen-Habermas-Adorno, in: *Neue Deutsche Hefte*, 2/1972, S. 3–40

Kracauer, Siegfried, *Das Ornament der Masse. Essays*, Frankfurt/M.
 1963

Krauss, Werner, *Aufsätze zur Literaturgeschichte*, Leipzig 1968

Kritik und Interpretation der Kritischen Theorie, The Hague 1971

*Kritische Kommunikationsforschung. Aufsätze aus der Zeitschrift für
 Sozialforschung.* Mit einer Einleitung von Oskar Negt, hsg. von
 Dieter Prokop, München 1973

Krolow, Karl, *Aspekte zeitgenössischer deutscher Lyrik*, Gütersloh
 1961

Kuczynski, Jürgen, Heise, Wolfgang, *Bild und Begriff. Studien über die
 Beziehung zwischen Kunst und Wissenschaft*, Berlin und Weimar
 1975

Kudszus, Hans, Die Kunst versöhnt mit der Welt, in: *Über Th. W.
 Adorno* (siehe dort), S. 28—35

Kübler, Harlich, *Zum Kulturbegriff Theodor W. Adornos*, Diss. Dort-
 mund 1977

Kuhn, H., Th. W. Adorno: Kierkegaard, in: *Zeitschrift für Ästhetik
 28*, 1933

Kunst in der Zeit (hsg. von Hans Heinz Holz und Joachim Schickel),
 Zürich 1969

Künzli, A., Linker Irrationalismus. Zur kritischen Theorie der Frankfurter Schule, in: *Aufklärung und Dialektik. Politische Philosophie
 von Hobbes bis Adorno*, Freiburg 1971

Kursbuch 20, 1970 (Über ästhetische Fragen) Frankfurt/M. 1970

Lamprecht, Helmut, Was der Fassade nicht gleicht (Bespr. Noten zur
 Literatur), in: *Frankfurter Hefte*, März 1962, S. 203—205

Lindner, Burkhardt, Herrschaft als Trauma. Adornos Gesellschaftstheorie zwischen Marx und Benjamin, in: *Text + Kritik* (siehe dort),
 S. 72—91

Die neue Linke nach Adorno (hsg. von Wilfried F. Schoeller), München
 1969

Lissa, Zofia, Zur Theorie der Tradition in der Musik, in: *Kunst und
 Gesellschaft. Zum 25jährigen Bestehen des Henschelverlages*, Berlin
 1970

*Literaturwissenschaft und Sozialwissenschaften. Grundlagen und
 Modellanalysen*, Stuttgart 1971

Löwenthal, Leo, *Das Bild des Menschen in der Literatur*, Neuwied
 und Berlin 1966

Erzählkunst und Gesellschaft, Neuwied und Berlin 1971

Lück, Hartmut, Anmerkungen zu Theodor W. Adornos Zusammenarbeit mit Hanns Eisler in: *Die neue Linke nach Adorno* (siehe
dort) S. 141—157

Lüdke, W. Martin, Der Kronzeuge. Einige Anmerkungen zum Verhältnis Th. W. Adornos zu S. Beckett, in: *Text + Kritik* (siehe
dort), S. 136—149

Lukács, Georg, *Die Theorie des Romans*, Neuwied und Berlin 1971
— *Geschichte und Klassenbewußtsein*, Neuwied und Berlin 1971
— *Werke*, Bd. 4—6, Probleme des Realismus I—III, Neuwied u. Berlin
1971, 1964, 1965
— *Werke*, Bd. 11 u. 12, Ästhetik I — Die Eigenart des Ästhetischen,
Neuwied und Berlin 1963

Zur Lyrik-Diskussion (hsg. von Reinhold Grimm), Darmstadt 1966

Mannheim, Karl, *Ideologie und Utopie*, Frankfurt/M. 1952
— *Wissenssoziologie*, Neuwied und Berlin 1970

Marcuse, Herbert, Reflexion zu Theodor W. Adorno. Aus einem Gespräch mit Michaela Seiffe, in: *Th. W. Adorno zum Gedächtnis*
(siehe dort), S. 26—38

Martini, Fritz, Modern, Die Moderne, in: *Reallexikon der deutschen
Literaturgeschichte*, Bd. 2, Berlin 1965

Marx, Karl, Engels, Friedrich, *Über Kunst und Literatur in zwei
Bänden*, Berlin 1967

Massing, Otwin, *Adorno und die Folgen*, Neuwied und Berlin 1970

Mayer, Günter, Zur Dialektik des musikalischen Materials in: *Alternative*, Jg. 12, H. 69

Mayer, Hans, *Das Geschehen und das Schweigen. Aspekte der Literatur*, Frankfurt/M. 1969
— Nachdenken über Adorno, in: *Frankfurter Hefte*, 4/1970, S. 268—
280

Mittenzwei, Werner, Marxismus und Realismus. Die Brecht-Lukács-
Debatte, in: *Sinn und Form*, Febr. 1967; später in: *Das Argument*
46 (1968)
— Brecht und die Probleme der deutschen Klassik, in: *Sinn und Form*
1/1973, S. 135—168

Morawski, Stefan, Czytanie Adorna, in: *Miesięcznik Literacki*, Warszawa 10/1974, S. 54—64

Müller-Strömsdörfer, Ilse, Die 'helfende Kraft bestimmter Negation',
in: *Philosophische Rundschau 8*, 1960

Narski, Igor S., *Die Anmaßung der negativen Philosophie Theodor W. Adornos*, Berlin 1975

Negt, Oskar, „Massenmedien: Herrschaftsmittel oder Instrumente der Befreiung? Aspekte der Kommunikationsanalyse der Frankfurter Schule" in: *Kritische Kommunikationsforschung* (siehe dort)

Neusüss, Anhelm, *Utopie. Begriff und Phänomen des Utopischen*, Neuwied und Berlin 1972

Oppens, Kurt, Adornos Musiksoziologie, in: *Merkur* 17, 1963; jetzt in: *Über Th. W. Adorno* (siehe dort), S. 7–27

Paetzold, Heinz, *Neomarxistische Ästhetik*, T. 2, Adorno, Marcuse, Düsseldorf 1974

Pettazzi, Carlo, Studien zu Leben und Werk Adornos bis 1938, in: *Text + Kritik* (siehe dort), S. 22–43

Piórczyński, Józef, *Dialektyka Bytu Społecznego u Theodora W. Adorna* (Die Dialektik des gesellschaftlichen Seins bei Theodor W. Adorno), Diss. Łódź 1977

Plessner, Helmuth, *Diesseits der Utopie*, Frankfurt/M. 1974

– Zum Verständnis der ästhetischen Theorie Adornos, in: *Philosophische Perspektiven. Ein Jahrbuch*, hsg. von R. Berlinger und E. Fink, IV, Frankfurt 1972, S. 126–136

Pociej, Bohdan, Siła i słabość Adorna (Adornos Stärke und Schwäche), in: *Tygodnik Powszechny*, Kraków 22.IX.1974

Poetik und Hermeneutik II. Immanente Ästhetik. Ästhetische Reflexion. Lyrik als Paradigma der Moderne. hsg. von W. Iser, München 1966

Poetik und Hermeneutik VI, Positionen der Negativität, hsg. von Harald Weinrich, München 1975

Puder, Martin, Die Frankfurter Schule und die Neue Linke, in: *Neue Deutsche Hefte* 1/1971, S. 113–123

– Adornos Philosophie und die gegenwärtige Erfahrung, in: *Neue Deutsche Hefte* 1/1976, S. 3–21

Pütz, Peter, Nietzsche im Lichte der kritischen Theorie, in: *Nietzsche-Studien* 3/1974, S. 175–191

Raddatz, Fritz, J., Der hölzerne Eisenring. Die moderne Literatur zwischen zweierlei Ästhetik: Lukács und Adorno, in: *Merkur* 1/ 1977, S. 28–44

Reichel, Peter, *Verabsolutierte Negation. Zu Adornos Theorie von den Triebkräften der gesellschaftlichen Entwicklung* Berlin 1972

Rhetorik, Ästhetik, Ideologie. Aspekte einer kritischen Kulturwissenschaft, Stuttgart 1973

Richter, Ulrich, *Der unbegreifbare Mythos — Musik als Praxis Negativer Dialektik. Eine philosophische Abhandlung zur Schönberg-Interpretation Theodor W. Adornos,* Diss. Köln 1974

Rohrmoser, Günter, *Das Elend der kritischen Theorie,* Freiburg im Breisgau 1970

— *Humanität in der Industriegesellschaft. Marcuse. Adorno. Horkheimer. Habermas,* Göttingen 1970

Scheible, Hartmut, Geschichte im Stillstand. Zur Ästhetischen Theorie Theodor W. Adornos, in: *Text + Kritik* (siehe dort) S. 92—118

Schmidt, Alfred, Die ,Zeitschrift für Sozialforschung'. Geschichte und gegenwärtige Bedeutung (Vorwort zum Neudruck dieser Zeitschrift), München 1970

— Adorno — ein Philosoph des realen Humanismus, in: *Neue Rundschau,* Frankfurt 1969, Jg. 80, H. 4, S. 654—673, dann in: *Adorno zum Gedächtnis,* S. 52—75

— *Die Kritische Theorie als Geschichtsphilosophie,* München 1976

Schmidt, Hans N., Theorie, zu ihrem Ende gedacht in: *Die neue Linke nach Adorno* (siehe dort) S. 135—140

Schöfer, Erasmus, Adornos Angriff auf Heidegger (Bespr. Jargon der Eigentlichkeit) in: *Neue Deutsche Hefte,* 1/1965

Schramm, Ulf, Kritik der Theorie vom ,Kunstwerk als Negation'. Beobachtungen an Becketts ,Endspiel' und an Bildern von Vasarely und Fontana, in: *Philosophisches Jahrbuch,* im Auftrag der Görres-Gesellschaft hsg. von Max Müller, Jg. 76, 2. Halbbd., München 1968/69, S. 349—375

Schweppenhäuser, Hermann, Thomas Härtings Adorno-Kritik. Eine Replik, in: *Zeitschrift für philosophische Forschung* 21, 1967

— Das Individuum im Zeitalter seiner Liquidation. Über Adornos soziale Individuationstheorie, in: *Archiv für Rechts- und Sozialphilosophie,* 57, 1971, S. 91—115

— Kritik und Rettung, in: *Th. W. Adorno zum Gedächtnis* (siehe dort), S. 76—84

Seiffert, Helmut, Adorno und die Singbewegung, in: *Die Sammlung* 15, 1960

Silbermann, Alphons, Musik verlangt die rationale Läuterung. Die Theorien Theodor W. Adornos in: *Die Welt der Literatur,* 17. Dez. 1964

Sonnemann, Ulrich, Jenseits von Ruhe und Unordnung. Zur Negativen Dialektik Adornos, in: *Über Th. W. Adorno*, S. 120—141
— Erkenntnis als Widerstand, in: *Th. W. Adorno zum Gedächtnis* (siehe dort), S. 150—176
Steiner, George, *Sprache und Schweigen. Essays über Sprache, Literatur und das Unmenschliche*, Frankfurt/M. 1973
Stuckenschmidt, H. H., Adorno und seine Gedanken zur Musik in: *Neue Deutsche Hefte* 37, 1957, S. 446—448
—, *Die Musik eines halben Jahrhunderts. 1925—1975. Essay und Kritik*, München 1976

Theunissen, Michael, *Gesellschaft und Geschichte. Zur Kritik der Kritischen Theorie*, Berlin 1969
Tiedemann, Rolf, *Studien zur Philosophie Walter Benjamins*, Frankfurt/M. 1965
Tillich, Paul, Th. W. Adorno: Kierkegaard, in: *Journal of Philosophy 31*, 1934
Tomberg, Friedrich, Utopie und Negation. Zum ontologischen Hintergrund der Kunsttheorie Th. W. Adornos, in: *Das Argument 26*, 1963, S. 36—48
— *Politische Ästhetik*, Darmstadt und Neuwied 1973
Trabant, Jürgen, „Bewußtseyn von Nöthen". Philologische Notiz zum Fortleben der Kunst in Adornos ästhetischer Theorie, in: *Text + Kritik* (siehe dort) S. 130—135
Tychy, Matthias, *Theodor W. Adorno. Das Verhältnis von Allgemeinem und Besonderem in seiner Philosophie*, Bonn 1977

Völker, K., Brecht und Lukács. Analyse einer Meinungsverschiedenheit, in: *Alternative* 67/68 (1969), S. 134—147
Vormweg, Heinrich, *Eine andere Lesart. Über neue Literatur*, Neuwied und Berlin 1972

Warner, Theodor, Quasi una fantasia, in: *Neue Deutsche Hefte*, Juli/ August 1963
Weimann, Robert, *Literaturgeschichte und Mythologie. Methodologische und historische Studien*, Berlin und Weimar 1972
Werckmeister, O. K., Das Kunstwerk als Negation. Zur Kunsttheorie Theodor W. Adornos, in: *Die Neue Rundschau 73*, 1962, H. 1, S. 111—130, jetzt auch in: die *Neue Linke nach Adorno*
Willms, Bernard, Theorie, Kritik und Dialektik, in: *Soziale Welt 17*, 1966; jetzt in: *Über Th. W. Adorno* (siehe dort) S. 44—98

Wohlfart Günter, Anmerkungen zur ästhetischen Theorie Adornos in: *Zeitschrift für Ästhetik und Allgemeine Kunstwissenschaft,* Bd. XXII/1, 1977, S. 110—134

Zenck, Martin, *Kunst als begrifflose Erkenntnis. Zum Kunstbegriff der ästhetischen Theorie Th. W. Adornos,* München 1977

Namenregister

Agnoli, J. 15
Alewyn, R. 54, 156
Alth, M. 62, 157
Anders, J. F. 157
Antonioni 133
Arendt, H. 157

Bach 132
Balzac 143, 144, 145, 146, 147
Baudelaire 54, 66, 79, 92, 93, 94, 100
Baumeister, Th. 55, 84, 86, 87, 157
Baumgart, R. 69, 70, 72, 75, 157
Becker, F. J. E. 157
Beckett, S. 10, 22, 30, 53, 66, 74, 75, 80, 98, 108, 109, 110, 111, 112, 114, 116, 135, 138, 157
Beethoven 35, 99, 132
Benjamin, W. 31, 45, 46, 48, 49, 50, 51, 52, 54, 55, 56, 66, 77, 78, 93, 94, 95, 137, 147, 148, 157
Bergmann, A. 157
Beyer, W. R. 157
Birzele, K. H. 157
Böckelmann, F. 158
Boehmer, K. 158
Bohrer, K. H. 158
Borowski, T. 69
Böschenstein, B. 65, 66
Brahms 33

Brecht, B. 46, 56, 106, 125, 137, 138, 141, 142, 146, 147, 149, 153, 158
Brenner, H. 50
Bruckner 97
Brüggemann, H. 158
Bubner, R. 8, 158, 161
Buchka, P. 158
Burde, W. 127, 158
Bürger, P. 31, 98, 99, 104, 141, 158

Celan, P. 65, 66, 67, 68, 69, 158
Chateaubriand 92
Clemenz, M. 15, 44, 51, 159
Copernicus 9
Creuzer, F. 55

Dalhaus, C. 158
Dawydow, J. 107, 159
Debussy 98
Demetz, P. 150, 159
Dilthey, W. 39, 40, 42, 125, 159
Distelmaier, O. 159

Einstein, A. 9
Eisler, H. 134, 159
Eley, L. 159
Engels, Fr. 145, 164
Enzensberger, H. M. 70, 159
Esslin, M. 159

Fertl, H. L. 157

170   Namenregister

Flaubert 143
Fortini, F. 159
France, A. 125
Fredel, J. 119, 159
Frenzel, I. 160
Freud, S. 84
Freytag, G. 125
Fritsch, Chr. 138, 160
Fügen, N. 160

Gadamer, H. G. 102, 160, 161
Gallas, H. 50, 138, 160
Gehlen, A. 160
Gmelin, O. F. 15, 160
Goethe 35, 115
Gramer, W. 160
Grenz, F. 4, 5, 18, 60, 89, 155, 160
Gruchot, P. 50
Günther, J. 160

Habermas, J. 16, 160, 161
Hahn, P. 161
Hall, G. 161
Hamburger, M. 92
Hart Nibbrig, Chr. L. 68, 161
Härting, Th. 161
Hartung, R. 67, 161
Haug, W. F. 161
Hegel 7, 20, 24, 25, 81, 83, 130, 134, 153, 161
Heidegger 75, 105, 161
Heidsieck, A. 161
Heimann, B. 161
Heise, R. 50
Heise, W. 150, 163
Heißenbüttel, H. 34, 35, 50, 161
Helms, H. G 16, 17, 161
Henrich, D. 41, 161

Hochhuth, R. 69, 73, 114
Hoffmann-Axthelm, D. 129, 161
Holthusen, H. E. 67
Holz, H. H. 15, 18, 19, 50, 102, 103, 161
Horkheimer, M. 43, 50, 52, 58, 61, 73, 84, 86, 93, 162

Ingarden, R. 154
Ionesco, E. 116

Jablinski, M. 162
Jaeggi, U.
Jaspers, K. 112
Jauss, H. R. 41, 42, 93, 95, 162
Jay, M. 162
Jiminez, M. 162
Joyce, J. 138, 140

Kafka, F. 3, 10, 30, 110, 135, 138, 140, 141
Kaiser, J. 162
Kaiser, G. 57, 162
Kant 12, 38, 39, 81, 82, 153
Kesting, M. 41
Kierkegaard 55, 107
Kipphardt, H. 69
Knörrich, O. 67, 68, 162
Koch, T. 89, 162
Kodalle, K. M. 89, 162
Kofler, L. 162
Korff, F. W. 162
Kracauer, S. 92, 133, 163
Krauss, W. 163
Krenek, E. 126, 156
Krolow, K. 163
Kuczynski, J. 163
Kudszus, H. 163

Kulenkampff, J. 55, 84, 86, 87, 157
Künzli, A. 163
Lamprecht, H. 163
Lazis, A. 50
Lehar 123
Lethen, H. 50
Lindner, B. 163
Lissa, Z. 102, 103, 163
Löwenthal, L. 163
Lück, H. 164
Lüdke, W. M. 117, 164
Lukács, G. 136, 137, 138, 139, 140, 141, 142, 143, 144, 145, 147, 149, 153, 164

Mann, Th. 97
Mannheim, K. 61, 164
Marcuse, H. 15, 164
Martini, F. 164
Marx 16, 119, 120, 164
Massing, O. 72, 73, 76, 164
Mayer, G. 164
Mayer, H. 164
Meinecke, D. 67
Mendelssohn-Bartholdy, F. 99
Mittenzwei, W. 130, 164
Morawski, St. 130, 164
Müller-Strömsdörfer, I. 164

Narski, I. S. 15, 165
Negt, O. 163, 165
Neusüss, A. 59, 61, 165
Newmann, E 98
Newton 9
Nietzsche 28, 29, 44, 106, 152
Nunberg, H. 44

Oppenheimer, J. R. 106
Oppens, K. 41, 165

Paetzold, H. 87, 90, 131, 165
Pettazzi, C. 155, 165
Piórczyński, J. 165
Plato 4, 61
Plessner, H. 165
Pociej, B. 35, 165
Poe, E. A. 100, 150
Proust, M. 138
Ptolemäus 9
Puder, M. 72, 73, 165
Pütz, P. 165

Raddatz, F. J. 143, 165
Reichel, P. 15, 165
Richter, U. 166
Ritter, J. 90
Rohrmoser, G. 6, 72, 73, 75, 89, 166
Rousseau, J. J. 82
Rütten, P. 138

Sachs, N. 68, 69
Saint-Saëns 98
Sälze, K. 54, 156
Sartre, J. P. 70, 112, 116, 153
Scheible, H. 166
Schiller 82
Schlegel, Fr. 92
Schmidt, A. 76, 166
Schmidt, H. N. 15, 166
Schmidt, S. J. 41
Schoen, E. 54
Schöfer, E. 166
Schönberg 33, 35, 71, 98, 106, 124, 126, 129
Schramm, U. 10, 111, 116
Schultz, K. 155
Schweppenhäuser 89, 166
Seiffert, H. 166

Silbermann, A. 166
Sonnemann, U. 15, 18, 167
Spengler, O. 76
Spielhagen, F. 125
Steiner, G. 167
Strauß, J. 122
Strauß, R. 119
Stuckenschmidt, H. H. 167
Szondi, P. 68

Theunissen, M. 167
Tiedemann, R. 50, 167
Tillich, P. 167
Tomberg, F. 11, 51, 61, 62, 63,
    167
Trabant, J. 20, 167
Turrini, P. 64
Tychy, M. 167

Valéry, P. 55
Völker, K. 167
Vormweg, H. 167

Wagner, R. 33, 98, 99, 118
Wallraff, G. 137
Warner, Th. 167
Wawrzyn, L. 55
Weimann, R. 102, 167
Weinrich, H. 41, 66, 68, 69
Weiss, P. 69
Wellershoff, D. 41
Werckmeister, O. 167
Willms, B. 167
Wohlfart, G. 168

Zenck, M. 12, 25, 28, 35, 55,
    78, 168

Karol Sauerland

Diltheys Erlebnisbegriff

Entstehung, Glanzzeit und Verkümmerung eines literaturhistorischen Begriffs

Groß-Oktav. VI, 181 Seiten, 1972. Ganzleinen DM 64,—
(Quellen und Forschungen zur Sprach- und Kulturgeschichte der germanischen Völker, N. F. 45/169)

Der „Verfasser, literaturwissenschaftlich belesen, geschickt in Analyse und Vergleich, stellt den Begriff ‚Erlebnis' und den der ‚Erlebnisdichtung' in Frage, weist die Grenzen der Biographik nach, widerspricht dem Vorgang des Begriffs der ‚Einbildungskraft' in der Literaturhistorie. Geisteswissenschaft und erkenntnistheoretische Fakten werden dazu sorgfältig beachtet und soziologisch relevante Ursachen herausgehoben. Manches erhält einen neuen Akzent . . ."

Wissenschaftlicher Literaturanzeiger, Freiburg

Preisänderung vorbehalten

WALTER DE GRUYTER · BERLIN · NEW YORK

Walter de Gruyter
Berlin · New York

Armin Paul Frank

Literaturwissenschaft zwischen Extremen
Aufsätze und Ansätze zu aktuellen Fragen einer
unsicher gemachten Disziplin
Oktav. XII, 200 Seiten. 1977. Kartoniert DM 28,–
ISBN 3 11 007025 1 (de Gruyter Studienbuch)

Hellmut Flashar
Nikolaus Lobkowicz
Otto Pöggeler
(Hrsg.)

Geisteswissenschaft als Aufgabe
Kulturpolitische Perspektiven und Aspekte
Oktav. IV, 244 Seiten. 1978. Kartoniert DM 34,–
ISBN 3 11 007456 7 (de Gruyter Studienbuch)

Hans Poser
(Hrsg.)

Philosophie und Mythos
Ein Kolloquium

Groß-Oktav. XIV, 246 Seiten. 1979. Ganzleinen DM 88,–
ISBN 3 11 007601 2

Hermann Lübbe
(Hrsg.)

Wozu Philosophie
Stellungnahmen eines Arbeitskreises

Oktav. XII, 393 Seiten. 1978. Kartoniert DM 28,–
ISBN 3 11 007513 X (de Gruyter Studienbuch)

Preisänderungen vorbehalten